No. 3987.

L'Impuissance

DU PARTI LÉGITIMISTE.

PUBLICATIONS CORRESPONDANTES :

—

Manifeste de l'Église Romaine

Dans le Monde Politique;

ou

L'Église Romaine encore inconnue.

Ut Manifestum illud ita ut opportet me Loqui.
In sapientiâ ambulate ad Eos qui foris sunt (les
Dissidens), tempus redimentes. Ad Colos., iv.

Magnifique et fort Vol. in-4°, avec des Notes compactes, équivalant à plus de 10 Volumes ordinaires. Prix : pour les Gens du monde, 15 fr., et pour les Ecclésiastiques, 10 fr. seulement.

C'est la plus grande Exposition existante de Théologie, de Philosophie, de Droit des Gens, de Droit public et Canonique, d'Histoire Civile et Ecclésiastique, élevée à la Hauteur de l'Epoque; — en particulier, sur la Révolution Française et l'Empire, la Restauration de la Maison de Bourbon et l'Avénement de la Maison d'Orléans. — On y considère la Généralité du Clergé, de l'Aristocratie et des Gouvernemens, dans toute la Chrétienté, comme les Causes premières, mais aussi comme les premières Victimes de tous les Troubles de la Société. — On y voit, et apprécie de haut, d'une façon nouvelle, et cette fois péremptoirement, les Nations et les Puissances, les Papes et les Rois, les Ordres Religieux et l'Université, les Doctrines Ultramontaines et les Gallicanes ; — et *tous* les Hommes, plus ou moins, influens de l'Époque où nous vivons.

C'est encore le Premier Traité de la Justice, même Temporelle de Dieu, sur les Nations en général, et sur le Haut Personnel des Deux Puissances qui représentent les Nations.

On publie, à part, et en formats divers, à l'usage du plus grand nombre, au prix de 2 fr. seulement chacun, plusieurs importans *Traités* de cette OEuvre Encyclopédique sans exemple :

De la Toute-Puissance Spirituelle et de l'Impuissance Politique du Clergé ; précédée d'*Avertissemens* aux 40,000 Ecclésiastiques, et à toutes les Congrégations de France.
C'est l'Histoire complète du Clergé ancien et moderne.

Solution Démonstrative et Constitutionnelle des Grandes Questions qui agitent la France, aux noms des *Jésuites* et de l'*Université,* de l'*Ultramontanisme* et de la *Révolution.* — *Défi Logique* porté, en présence des Chambres, à M. le Comte de Montalembert.

Traité de la Sainteté du Serment, contre la Doctrine du *Parjure.*—Le *Livre des Députés,* des *Electeurs,* des *Fonctionnaires,* et de toutes les *Familles* de France. Beau vol. in-12, prix : 3 fr. 50 c., pour une *OEuvre-Pie.*
C'est aussi une Histoire universelle de la Fidélité religieuse ou politique, et une Défense nouvelle de toute la Religion.

———

IMPRIMERIE DE HAUQUELIN ET BAUTRUCHE,
RUE DE LA HARPE, 90.

ESSAI

SUR

L'Impuissance du Parti Légitimiste,

**Opposée à l'Intelligence d'une Monarchie... qu'il a faite
par ses fautes, et qui lui tend la Main ;
et d'une République qui ne veut point de la Sienne.**

MOT UNIQUE DE LA SITUATION POLITIQUE DU PAYS.

PAR

L'Auteur du Tableau de la Dégénération de la France, et des Grandeurs de la Patrie.

Quoùsque tandem.... Cicér.
Filil hujus Sœculi prudentiores filiis
lucis in generatione suâ. Luc. xvi.
Melius est ut scandalum oriatur, quàm
ut Veritas tacetur. Tertull. et Saint-
Bernard, *Lettre à Suger.*

(NOTE développée et démontrée par le *Manifeste de l'Église Romaine
dans le Monde Politique.*)

PARIS,

E. HAUQUELIN, ÉDITEUR, RUE DE LA HARPE, 90.
HIVERT, LIBRAIRE, QUAI DES GRANDS-AUGUSTINS, N° 55.
WAILLE et Cⁱᵉ, rue Cassette, N° 6.
ET CHEZ TOUS LES MARCHANDS DE NOUVEAUTÉS.

1845
1844

À M. le Comte de Chambord.

Et Loquebar *de Testimoniis tuis*
in conspectu Regum : et non con-
fundebar. Ps. 118.

MONSEIGNEUR,

Vous avez Signé et envoyé Diplomatiquement les retentissantes Paroles suivantes, publiées pour la première fois par... le *Constitutionnel*, le jour même de la chute, ou plutôt de la transformation, quatorze années juste auparavant, de la Dynastie dont vous êtes le Rejeton ;... et vous les avez envoyées sous le titre diplomatique de :

« NOTIFICATION.

« Devenu, par la mort de M. le Comte de Marnes, Chef de la Maison de Bourbon, je regarde comme *un Devoir* de *Protester* contre le *changement* qui a été introduit en France dans l'Ordre Légitime de Succession à la Couronne, et de déclarer que je ne renoncerai *Jamais* aux *Droits* que, d'après les *antiques Lois* françaises, je tiens de ma Naissance.

« Ces droits sont liés à de *Grands Devoirs,* qu'avec *la Grâce de Dieu je saurai* remplir, toutefois, je ne *Veux* les exercer que lorsque, dans *ma conviction,* la *Providence* m'appellera à être véritablement utile à la France.

« Jusqu'à cette époque, mon intention est de ne prendre, dans l'exil où je suis *forcé de vivre,* que le titre de *Comte de Chambord;* c'est celui que j'ai adopté en sortant de France ; je désire le conserver dans mes relations avec les *Cours.* »

. . . .

Ce n'est pas vous, Monseigneur, qui pourriez le méconnaître, vous à la Devise tant célébrée : *Par la France, ou pas*; la Notification que vous semblez faire aux *Cours*, vous la faites surtout à la *France*, vous ne la faites même qu'à la *France* exclusivement; et en la faisant à la *France*, c'est à *chaque Français*, et à moi comme à un autre, aussi Français, au moins, qu'un autre, que vous la faites.

Assez d'autres y répondent par les flatteries de l'*Espérance*, pires que celle de la *Possession*; je vais vous y répondre, moi, par un *Devoir*, aussi réfléchi, et, j'ose le dire, plus éclairé que le vôtre : car la royauté, même réelle, aurait par trop de priviléges, si elle avait jusqu'à celui de la logique, de la morale, et de la théologie. Celui-là ne saurait ni se déléguer, ni s'usurper, ni seulement se prétendre.

Il faut donc que je vous le dise, parce que nul *Courtisan* n'oserait, et nul non-courtisan ne saurait : Votre *Notification,* superbe au point de vue diplomatique, et même du monde, n'est pas Humble, n'est pas Vraie, au point de Vue Catholique, le seul élevé et seul vrai.

Elle n'est pas seulement au fond exclusive des Bourbons de la Branche Cadette. Prise à la lettre, elle le serait surtout de l'Aînée : «Après, et sans les d'Orléans, selon les vieilles prophéties, en harmonie avec le sens commun, *plus de Bourbons.* »

Elle est toute entière de trop : car, si elle n'a pas pour but, elle aura certainement pour *résultat* d'entretenir un Ferment, une *Pomme de Discorde* au sein de la Patrie que vous aimez, et qui ne saurait vous aimer encore.... Vous êtes censé dire à la France, de son Roi *réel*, ce qu'elle pourrait penser d'un roi *hypothétique*, selon l'Esprit-Saint lui-même : « De *us, qui dicit Regi: apostata; qui vocat Duces impios; — Qui non accipit personas Principum, nec cognovit tyrannum;.... Qui regnare facit hominem hypocritum, propter peccata populi.* JOB. XXXIV.

Et votre *Notification* est, au fond, contradictoire avec vos précédens aveux, et même avec elle-même : Vous aviez dit, et tous les jours, vos journaux les plus avérés vous font répéter : « Je ne suis, je ne veux pas être un *Prétendant*.» — Et concevez-vous, conçoit-on une *Prétention* plus élevée que celle qui *Déclare : « Je ne Renoncerai JAMAIS ? »*

« Le mot *Jamais*, disait votre aïeul Henri IV, n'appartient qu'à Dieu. » (Saint Pierre lui-même, auquel le mot *Nunquàm* échappa un jour, même pour s'obliger au devoir de fidélité... le viola trois fois).

« Jamais aux *Droits* » ? — Le mot *Droit* (Jus), qui se trouve trente fois seulement dans tout l'*Ancien* Testament, n'est *pas une* fois dans le *Nouveau*, lequel n'est pas le *Droit*, mais le *Devoir Commun*, et des rois plus que de tous les autres.

« Aux Droits que, d'après les *Anciennes Lois* » ?—Les choses *Anciennes*, en général, sont, et Dieu a voulu qu'elles fussent, mauvaises, et même ridicules (Votre Aide-de-Camp, Monseigneur, vient de le sentir, et même de l'avouer, avec innocence, dans la *Quotidienne* du 30 Juille., en répudiant l'épithète d'*antiques*, qu'il croyait une *malice* dans la version du *Constitutionnel*).

L'Église Romaine, et la France, sa *Fille Aînée*, elles surtout, à la différence des anciens Protestans, et de la Turquie et même de la Russie schismatiques et *patriarchales*, ne connaissent que les *actualités*, c'est-à-dire les possibilités.

C'est, qu'en effet, les *hommes* changent, et devenant tous les jours plus mauvais ou meilleurs, il faut bien que les Rois aussi *changent*. La *Providence* elle-même, dont vous avez agréé, mais pas assez médité les *Lois*, est essentiellement progressive en ce sens. Sa *Loi* principale, à laquelle elle revient par toutes les autres, c'est de diminuer, de plus en plus, les droits ou les priviléges personnels, et d'accroître les devoirs, et surtout les devoirs royaux, de plus en plus. Et le Droit *Nouveau*, et le *Titre Nouvel*, comme on dit au Palais, est toujours, à son jugement, le meilleur et le plus respectable, parce qu'il est le seul vivant, et le seul utile.

La preuve que Dieu n'aime pas, ne veut pas, pour les Peuples de la terre, et pour la Terre, les *Lois Vieilles*, c'est qu'il fait mourir les *Vieux*, et souvent les jeunes législateurs.

« Les anciennes *Lois Françaises* ?»—Les plus anciennes, vous le savez, Monseigneur, vous excluaient assez, et ne connaissaient pas votre *Capet*, pas même *Charlemagne*, lequel n'a nulle *consanguinité* avec l'autre.—Elles étaient *Électives* par la force des choses, c'est-à-dire, par la raison du plus fort.—Les *Lois Nouvelles*, ou, si vous voulez, les usages ou les abus *nouveaux*, que les *vieux* rois, dont on se prévaut contre les neufs, ont bien un peu causés, en sont encore là. En sorte que vous avez, jusqu'à *nouvel* ordre de la Providence *nouvelle*, et de la *nouvelle* France, les *deux droits*, le *double droit* contre vous.

Et vous le sentez assez, M. le Comte, à mille autres mots ou actes que vous avez faits ou dits; et surtout celui-ci : *Par la France, ou Pas !*

Vous ajoutez bien : « Mes Droits sont liés à de GRANDS DEVOIRS » : —Mais, en oubliant que, s'il y a, pour les peuples, et même pour soi, une garantie de l'accomplissement des devoirs *futurs*, c'est l'accomplissement du devoir *Actuel*.

« Je ne Veux *exercer* mes droits (ce mot exclut les devoirs) que lorsque, dans ma conviction, la *Providence* m'appellera » ?— *Je Veux*, est par trop fort dans la Bouche d'un jeune Prince, lorsqu'à peine les Rois les plus absolus de sa race antique osaient dire : *Nous Voulons*.

« Lorsque la Providence *m'appellera* » ? — Allons donc ! Laissez-la faire, laissez faire *la France*, votre Grand Électeur, ou point ; laissez-nous dire, constater à tous, à nous comme aux autres, ce que la Providence, par ses *Lois* ou ses actes, fait, sur, pour et contre Votre jeune Majesté. Vous, attendez qu'elle vous appelle, pour lui répondre : *Me Voilà !*

Selon cette belle Allusion de la *Bonne Nouvelle* : *Considerate Lilia agri, quomodò crescunt*; Non... *Laborant*, neque *Nent*. MATTH. VI, 28.

Sans quoi, il vous arriverait, comme déjà, et pour cause, le 27 *Juillet* 1840, de *Compter* à cheval *sans votre Hôte* : .. la *Providence*.

Les *Rechutes*, croyez-le, Monsieur le Comte, sont encore plus fatales aux Rois Présomptifs qu'aux autres : *Et corripuit pro eis Reges*. PS. 104.

Attendez donc, ou plutôt n'attendez pas, tremblez même d'espérer, et surtout de *Notifier* désormais votre Espoir ! La Providence, comme la Fortune, se plaît à surprendre, et fuit d'autant mieux qu'on *court après...*

Le vertueux et courageux Comte de Marnes, mieux inspiré, lui, avait dit, à la mort de son Père : « S'il s'agissait d'une Couronne véritable, ce n'est pas sur ma tête que je la placerais; c'est une Couronne d'Épines, je la garde momentanément ». — Hélas ! ou plutôt par bonheur, depuis 7 années (car tout est septennal dans la société, comme dans l'homme) la Couronne n'a pas *changé !*

J'avais bien Qualité, Monsieur le Comte, même à vos yeux, pour prendre ma part dans la *Notification* que vous avez faite de votre plus haute Pensée politique , et pour vous en dire, et vous en *Dédier*, et à la France, ma plus haute pensée religieuse. Dans une *Lettre* autograph datée de Padoue, l'année dernière, cachetée à vos Armes Chrétiennes..., à la *Charité* près (un *Croix* avec ces mots : *Spes, Fides*), placée à côté de plus d'une autre de noblesse, que je tien de la générosité ou de la reconnaissance des *Rois* qui ne *s'en vont* pas, et des Papes qu; ne *s'en vont* jamais, *Vous êtes allé jusqu'à me dire* ce mot sublime : « *Rien* n'est plus Noble que de consacrer ses talens à Celui qui est la Source de toute Intelligence et de *Toute Souveraineté* ».

Si après cela, vous disiez, Monseigneur, que je *suis bien hardi* de vous parler aussi haut, il vous faudrait alle jusqu'à dire que le devoir, que la logique , que l'Église Romaine elle-même, sont hardis, car ils le sont par leur nature, et ils l'ont été avant moi, devant vous, et contre vous,..... c'est-à-dire pour vous.

C'est vous, Monseigneur, qui vous êtes montré *Hardi*, et hardi devant Dieu, dans votre Notification ; et nous, du parti que j'appellerai volontiers des *humbles*, c'est-à-dire de ceux-là surtout dont Tacite a dit : « Les rois ont besoin d'eux, et ils n'ont pas besoin des rois. »

Et, dans ces idées, je vous redirai, pour vous montrer, de plus fort, que je ne changeai jamais, les paroles mêmes que je vous ai dites, dès 1835, dans *Les Fautes*, pires que les *Crimes*, *des Faux Catholiques*, dont vous êtes environné, à Paris du moins: «Mon âme à Dieu, mon cœur à vous, malgré vous; mais, malgré vous aussi, mon esprit et ma logique à la Patrie ». Je n'ajouterai pas comme Harlay : « Mon corps aux méchans », de peur, par là, de susciter, et peut-être de faire un *seul Méchant*, dont j'aurais à répondre peut-être...

Si j'avais été Henri de France (La Fontaine dit bien : *Si j'étais Roi*, et saint Augustin : «Chrétien, je suis *Christ*»!), et que j'eusse voulu, à toute force, montrer à la fois, que j'étais *ingamée*, et que j'étais ou méritais d'être Roi, et Duc de *Bordeaux*, ce n'est pas à Londres, et sous *le bon plaisir* des Anglais, mais à *Bordeaux* même, que j'aurais voulu débarquer, seul avec mes chers et fidèles Lévis, Latour-Foissac, Bouillé, La Villate, ou mieux encore, sans eux, et surtout sans armes, au plus avec l'*Épée*, en *signe* de mon droit, et non de ma puissance, au risque d'aller à *Blaye* où pleura ma mère, et même à *Vincennes*, où mourut mon cousin.

Dans le même système de Générosité et d'Habileté à la fois, que nous développons du commencement à la fin du *Manifeste de l'Eglise Romaine dans le Monde Politique*, si j'eusse été Charles X, aux *Trois Jours* de 1830, je serais monté à Cheval, je serais allé, comme a fait mon Cousin depuis dans des jours analogues, au milieu, et même à la tête de ma Garde, affronter mon Peuple, et même ma Populace (car ce sont les rois qui, la faisant seuls, pourraient seuls la défaire), *Vaincre* enfin, *ou mourir*, mieux que Louis XVI, mais sur le *Sol* de la Patrie comme lui (la *Patrie* est plus le *Sol* qu'on ne pense), et vérifier, une nouvelle fois, le Mot immortel d'une vérité et d'une vertu qui ne manquent jamais que lorsqu'on leur a manqué :

> . . . . Si fortè VIRUM quem
> Conspexère, SILENT . . . .

Car, s'il y avait désormais une autre *Légitimité* que celle qui Règne, ce serait celle-là exclusivement.

C'est aussi celle dont le jeune Louis Bonaparte a pensé faire l'*usage* et l'*abus*, s il faut en croire sa Lettre du 10 *Août* 1844 au *Constitutionnel* : «.... Quant à *la Folle ambition* que vous me reprochez, je conviendrai avec vous qu'il n'y a *plus de chance en France pour des prétentions dynastiques;* il serait en effet souverainement ridicule de vouloir s'imposer à une grande Nation, et d'ériger en Droit ce qui n'est plus que le souvenir historique d'un autre âge ; mais si j'ai toujours repoussé des prétentions surannées, je n'ai point renoncé à *mes droits de citoyen français*, et comme tel, j'ai cru pouvoir, comme tout autre, désirer l'avènement de la démocratie, le retour à un système plus national et hasarder ma vie pour le triomphe de ces principes.   NAPOLÉON-LOUIS BONAPARTE. »

Reges... et tanquàm vas figuli confringes eos. Et nunc *Reges* INTELLIGITE ! PS. 2.

Quoi qu'il en soit, Monseigneur, j'ai l'honneur d'être, le plus Vrai, le seul Vrai peut-être, e plus humble même, et, en tout cas, le plus désintéressé de vos serviteurs.

A. MADROLLE.

Avertissement

AUX LEGITIMISTES

Vous dites tous, par celui qui vous a été *désigné* pour Directeur, et qui, cette fois, et le 28 *Juillet 1844*, se nomme, et signe (avec un grand D) : *le Comte De Locmaria*, et vous dites avec une audace, et même un romantisme qui n'est pas commun, mais qui est *forcé*, dans la vieille littérature du Parti, lequel n'a *rien oublié*, ni *rien appris*, non plus que le parti ; vous dites tous : «Telle est *notre* société, elle se compose d'une *Tête brisée* (je crois voir des rois aveugles en effet), de membres *amaigris* (… le noble *Comte*), de *corps gourmands* (…sa *Quotidienne*). » — « Le Pouvoir, dont l'influence délétère, semblable à la *Malaaria* (la parente sûrement, étant un peu l'*homonyme*, de *Locmaria*), voudrait frapper d'engourdissement les cœurs même qu'elle ne peut atteindre. »

Nous allons vous faire sentir ici, ce que nous avons établi logiquement, théologiquement, et historiquement, dans le grand *Manifeste*, qu'il n'y a, aujourd'hui, de *Malaaria*…, que vous.

Nous mettrons votre *bilan*, votre *déficit*, en regard du *Budget* de vos adversaires. On verra, et vous *verrez* enfin vous-même (ce que vous *sentez*), l'incapacité *humaine* plus grande, de la meilleure des causes, et surtout de ses Chefs religieux et politiques ; — d'un *Parti* qui se prend exclusivement au plus petit de ses adversaires, à son ami même (le Gouvernement de sa façon), et respecte le plus grand de ses ennemis (l'Opposition Républicaine). — L'Incapacité du *Parti* d'un Gouvernement tombé par ses fautes, comme tout

a

pouvoir qui tombe, opposée à l'intelligence, et même à la bonté, et surtout
à la force d'un Gouvernement qui veut se Rattacher à la religion, et même
d'une Opposition qui voudrait vaincre sans la Religion.

Et nous allons dire ici, ce que nous avons, osons le dire, démontré dans
tout le *Manifeste,* que les Grands, que les Nobles, que l'Aristocratie enfin
sont encore plus puissans que les Princes dans le bien, et par conséquent
dans le mal, à la veille d'une révolution ; car les rois, et surtout les vieux rois,
sont des *unités,* qu'on ne concevrait même pas un moment sans leurs entours,
leurs maîtres. Et les Aristocraties sont, encore aujourd'hui, même en France,
les seules puissances *à l'œil*, et par conséquent d'autant plus influentes ,
qu'elles sont plus jalousées, et plus haïes.

Elles sont même encore, et par surcroît, plus riches, seules, que toutes les
autres parties de la société ensemble.

Mais, comme elles sont plus puissantes que les rois, elles sont aussi
plus responsables.

Si quelqu'un, pensant que j'ai modifié seulement mes opinions politiques,
osait le dire, je l'écraserais du poids de mes ouvrages les plus *légitimistes* en
apparence, et les plus royalistes, royautistes, ou dynastiques, en *réalité.*

Si ce quelqu'un se *nommait,* je l'écraserais probablement de son présent
et de son passé à lui-même...

Je n'ai pas même modifié, ce qui est modifiable, mes *sentimens :* car les
sentimens politiques sont variables, dépendant des mérites personnels des
Princes ou des amis des Princes, lesquels sont variables, après tout, eux-
mêmes.

Si j'avais changé..., c'est que l'Église Romaine qui, seule, directement ou
indirectement, médiatement ou immédiatement, m'apprend Dieu, aurait
elle-même changé.

Ce que Démosthènes disait à Philippe, je le dirai aux Légitimistes : « Voila
des Vérités dites hardiment, et par pur zèle. Je ne vous fais pas de discours
tissus de flatteries et d'impostures, qui valent de l'or à l'orateur. Ou changez
de conduite ; ou, si tout périt, *ne vous en prenez qu'à vous-mêmes.* »

Il y a 13 années, moi aussi, que je vous fais la guerre d'intérieur ; que je
vous donne en particulier, et avec une longanimité qui me conservera votre
estime dans vos colères politiques ou rentrées ; que je vous donne même, par

boutades en public, les *Avertissemens* par lesquels le Sauveur veut que l'on prélude aux dénonciations, aux réquisitoires, concluans ceux-là.

Le moment est venu de notre *Manifeste* contre vous, et de nos *Avertisse-mens* à vos victimes ou à vos dupes.

J'ai suivi un peu tard, mais à temps, l'exemple et le beau mot du Psalmiste (car il n'y a *rien de nouveau sous le soleil*, du 1ᵉʳ ou du 27 *Juillet*) : *Discedite à me, Omnes qui operamini Iniquitatem*. Ps. 136 ; — Et celui, plus beau encore, que chacun de nous, et pour cause, dit avec le Prêtre à l'Exorde de la Messe : *Ab hômine iniquo et doloso erue me;* — Et l'exemple et le mot, encore plus beaux, et plus *ad Homines*, de saint Paul : *Per Arma jus-titiæ, à DEXTRIS et à Sinistris.*

Mais gardez-vous de penser que ma prétention aille jusqu'à croire que j'aurai concouru seulement à *votre déchéance* dans l'opinion de la France et dans celle de l'Europe! je suis plus humble (parce que je suis plus métaphysicien) que vous ne pensez. Je n'aurai fait, je ne ferai que la *Constater*.

Cette déchéance existe, elle est patente, à Paris surtout ; vous la dites, ou vous la supposez, à toutes vos pages *Quotidiennes* de Journaux, votre seule Littérature possible.

((Tous vos livres classiques, en général : l'*Histoire de la Révolution Française*, par M. de Conny ; celle de *la Vendée*, par M. Crétineau; celle *de l'Armée de Condé*, par M. Muret, de la *Quotidienne ;* l'*Histoire des Ducs d'Orléans*, par M. Laurentie ; l'*Histoire de France*, par M. l'abbé de Genoude, ne sont ou ne seront que des mensonges ou de plats romans.))

La déconsidération *légitimiste* existe bien autrement dans les Provinces, même de l'Ouest, de l'Anjou, de la Bretagne, dans votre Midi, dans votre Bordeaux, un temps si fidèle, où le petit nombre de vos *Gazettes* survécues, entre leurs rivaux Conservateurs ou Indépendans, végètent partout, non-obstant les *réclames* et les *puffs* protecteurs de leurs pères et mères putatifs de la Capitale.

Et ceux-ci eux-mêmes, impatiens l'un de l'autre, et d'eux-mêmes, s'assemblent tous les jours, et quelquefois les nuits, depuis des années, sous le prétexte de s'*unir*, l'un pour tuer ou trahir tous les autres :… sans que leur *Montagne*, quelquefois en Soutane, qui chaque soir annonce ses *couches*, sous le nom de *Symbole Royaliste*, montre jamais… sa *souris*.

Mais que personne, en définitive, et jamais, ne se trompe, et sur le fond de mes Ouvrages, et sur celui de ma Pensée. C'est par conviction, par amour de la *Légitimité*, que je prends à partie et à corps personnels la *Légitimité*. Je la vois, je la crois si vraie, si bienfaisante, si *Ecclésiastique*, si Romaine, que je l'aime, que je la défends aujourd'hui dans sa continuation apparente, dans sa famille réelle ; que je l'aimerais, que je la défendrais jusque dans son *Ombre*, dût-elle profiter naguère à M. Laffitte, et aujourd'hui à M. Arago.

Je préfère enfin une Légitimité, ne fût-elle que de *Trois Jours*, à celle de 24 *heures*.

Les Légitimistes *personnels*, eux,... préféreraient, je crois, la leur, de 24 heures, à l'autre de 1000 ans. Ils veulent la Patrie, comme l'amant sa Maîtresse : *Morte* ou *Fidèle*.

Je ne voudrais que les éminentes circonstances de la mort du dernier des rois de l'adversité, rapportée par le plus honnête et le plus fidèle des légitimistes, M. de Montbel, pour justifier, j'ose le dire, par Dieu lui-même, tout ce qu'il y a de vrai dans la *Cause*, et tout ce qu'il y a de faux et de passionné dans les plus grandes consciences du *Parti* légitimiste ;... je dirai plus, tout ce qu'il y a de vrai dans le *Manifeste*, et tout ce qu'il y aura de faux et d'inique dans les Haines qui l'attendent.

Et d'abord, qui n'a été frappé, à Paris comme à Goritz, de cette *recrudescence* de morts au milieu de laquelle celle de l'héritier des rois est venue ? — de la fin prématurée, quasi subite, et presque sans douleur, de l'Homme qui avait comme élevé la *Maison Laffitte* au-dessus de la *Maison de Bourbon ;* et de la mort prévue et comme prolongée, dans l'*atrocité des douleurs* (l'expression est de M. de Montbel), du dernier des héritiers directs du dernier Roi Bourbon... — Toutes deux dans le même mois de Mai (la grande Crise dont M. le duc d'Angoulême est mort en quatre jours est de la nuit du 31 de ce mois).

Et Mgr le duc d'Angoulême, mourant le même jour que Marie-Thérèse de Savoie, sa mère, et comme au Service qu'il faisait faire pour elle, — et que sainte Clotilde, (mieux encore que Clovis) la mère et la patronne des rois de France !

Quoi qu'il en soit, voici les *précédens* de la mort d'un Bourbon, on peut le dire, *en Roi :*

« Je ne pus m'empêcher, dit le fidèle *Lecteur du Roi*, d'être vivement ému en lisant devant ces illustres époux, dans le *Discours sur la Paix Chré-*

tienne, de Bourdaloue, le passage suivant, que je reproduis comme la peinture fidèle des vertus surnaturelles de ce prince.

« Que *peut-il m'arriver qui puisse troubler ma paix avec Dieu*, quand je me soumets à sa loi ? S'il m'envoie des afflictions, je les reçois comme des épreuves qu'il veut faire de ma fidélité ; s'il me *suscite des persécutions*, je le bénis ; (je passe ici 30 lignes, aussi belles *ad hoc*),… Soumis que je suis, et obéissant à la loi de mon Dieu, il n'y a plus rien en moi de ce qui altère la paix parmi les hommes… *Plus de ces ressentimens, plus de ces envies, plus de ces soupçons, plus de ces haines, plus de ces enflures de cœur*, plus de ces fiertés, plus de ces aigreurs qui sont comme des semences de division et de discorde ; je conserve la paix avec tout le monde, même avec ceux qui ne veulent pas la conserver. *Cum his qui oderant pacem, eram pacificus* : je ne blesse personne, je ne *juge* personne, *je ne veux me venger de personne*, parce que la loi de Dieu, à laquelle je me suis inviolablement attaché, m'interdit toute vengeance, tout jugement, toute injure que je pourrais faire aux autres, et qui pourrait les soulever contre moi… Quand j'obéis à Dieu, toutes mes passions m'obéissent, Dieu règne en moi. »

(Dites à présent, vous, les ennemis *nés*, c'est-à-dire *aveugles* des Jésuites, que les Jésuites ne vont pas à l'Ordre public !)

« Pendant la semaine sainte, il fut atteint d'une de ces crises douloureuses qui donnaient tant d'inquiétude à sa famille, à son médecin et à toute la colonie ; le *Vendredi*, il écoutait attentivement la lecture *de la Passion*, je voyais son visage pâlir et se décomposer par momens : » Les souffrances « sont bien fortes, lui dis-je, ne vaudrait-il pas mieux suspendre ? Non, con- « tinuez, je vous prie ; j'éprouve une satisfaction bien grande, et je remer- « cie Dieu de la grâce qu'il me fait aujourd'hui, en m'associant par la dou- « leur, tout indigne que j'en suis, aux souffrances infinies du Juste expirant « sur la Croix. »

« Les *derniers jours* de ce prince furent affligés par la perte de serviteurs fidèles, à qui il portait une affection véritable. Déjà plusieurs fois la mort avait moissonné la colonie française….

« *Chaque jour* lui apportait des nouvelles de mort : des hommes qu'il connaissait avaient cessé d'exister. Tantôt c'était d'anciens compagnons d'armes, d'anciens amis, comme les lieutenans-généraux Pélissier et d'Ambrugeac, comme le loyal et courageux *Arthur de la Bourdonnaye ;* il payait un tribut d'estime et d'affection à leur mémoire ; tantôt c'étaient des hommes qui s'étaient faits ses ennemis, le général Pajol, le colonel Bricqueville.

« Je ne sais, disait le comte de Marnes, quelle était la cause de l'inimitié du « général Pajol contre nous. C'était un officier brave et distingué ; nous « connaissions ses talens, et nous étions disposés à être pour lui ce que nous « avons toujours été pour son beau-père, le maréchal Oudinot. »

« Quant au colonel Bricqueville, son nom se liait à une nouvelle loi de proscription et de mort contre la famille royale. Je puis affirmer que, dans la réunion de ces princes, j'ai entendu faire l'éloge de la bravoure brillante, des talens militaires, *des qualités personnelles* de M. de Bricqueville, et que les excès de son inimitié furent expliqués, sinon excusés par cette phrase admirable de modération : « Il avait la tête très-vive, et il tenait à ses an- « *ciens souvenirs.* »

« La maladie du roi de Suède, Charles-Jean, préoccupait beaucoup le comte de Marnes. Il se rappelait les courtes relations qu'avait eues en 1814, avec le comte d'Artois, ce guerrier couronné, et les conseils qu'avait laissés l'ancien général de la république française au roi de France, Louis XVIII. « Pour gouverner les Français, souvenez-vous qu'il faut une main de fer « dans un gant de velours. »

Le dernier trait de cet admirable tableau est de trop, parce qu'il est faux : le nom de Bernadotte,… armé contre la France en 1814, ne devait point figurer à côté du nom d'un Prince Français revenu en 1814 ; et sa prétendue *Maxime : Main de fer en gant de velours,* pour gouverner la France, n'est, ni plus ni moins, que la maxime de Louis XI : *Régner, c'est Dissimuler,* qui a perdu, et qui pourrait perdre encore la France…

Règle générale, ce n'est pas, c'est encore moins à la Cour de l'exil, qu'à l'autre, qu'il est permis de savoir dire aux rois, et surtout de savoir écrire pour les peuples, la vérité.

En voici une preuve assez belle, prise dans la *Notice* sur, pour et contre *la Colonie* (autre mot infiniment impropre, et qui se retrouve à satiété dans sa rédaction). «…De nouvelles bandelettes assujettirent les différentes parties, et le corps fut enveloppé complétement dans un vaste suaire de satin blanc. — On le transporta alors de nouveau par les longues et sombres allées jusqu'à la tombe. On le coucha sur un lit d'aromates dans le cercueil de plomb ;

sa tête reposa sur une boîte de métal où nous avions déposé le procès-verbal de son inhumation. Après que tous les vides eurent été soigneusement remplis d'aromates et de longs écheveaux de soie, le couvercle fut placé et soudé sur le cercueil. Ces dispositions étaient éclairées par une lampe funéraire pendue au centre de la voûte, et par les torches des religieux. Pour en être témoins oculaires, nous étions resserrés dans un espace étroit, entre le cercueil de Charles X et celui de son fils, réunis dans une même tombe. Que de regrets, que de prières, que de HAUTES ESPÉRANCES palpitaient dans nos cœurs...»

Quelles prières, grand Dieu, que celles qui, jusque dans les catacombes de la mort des rois, hors de leur patrie, supposent ou connaissent d'autres *Hauteurs* et d'autres *Espérances* que celles du Ciel !

...Vous me pardonnerez (car Dieu me pardonne, et m'ordonne ici), cher Montbel, vous qui êtes venu le premier à moi, m'embrasser à Toulouse, il y a quelques années, comme pour me faire mieux vous dire des vérités que vous regretterez de n'avoir pas crues!

Et puis, je veux faire effacer vos fautes par le Testament Politique de celui-là même auquel vous resterez fidèle jusque par delà la mort, et par vousmême, lorsque vous y penserez : — «Quinze pages sont tout ce qui reste de ces souvenirs d'une vie si agitée, si féconde en catastrophes et en changemens de fortune. Pas un mot qui puisse y rapporter au prince la moindre louange ; *pas un mot* (l'*Aide de camp* du Prince à Paris aurait-il, par hasard, *un droit* et *une vertu*, opposés à ceux du Prince?) *qui indique le plus léger blâme contre des Adversaires*, même en présence des plus terribles événemens. *Jamais* une allégation pour repousser des attaques et *pour chercher des excuses*. On y lit une seule explication relative à ses Voyages dans l'Ouest, en 1817:—«Les *Royalistes*, dit-il, se sont beaucoup plaints de moi, à l'occasion « de ce voyage. Mon principe a toujours été d'obéir ponctuellement *aux* « *ordres du Roi, quand ils n'étaient pas contre ma conscience*.Une ligne poli-« tique était choisie par le Roi dans l'exercice de ses devoirs ; ma conscience « ne pouvait être en opposition avec ce choix qui ne m'appartenait pas. *Je* « *recevais des ordres, j'obéissais*. J'ai agi *toute ma vie* d'après ce principe ; « et je crois qu'en le suivant j'ai rempli le plus fidèlement mon devoir de-« vant Dieu. »

Quoi qu'il en soit, et s'il se trouvait des Légitimistes, *rois*, princes ou sujets, qui ne fussent pas suffisamment convaincus de leurs illusions, plus ou moins nobles, par ces feuilles que nous jetons au vent de leur Providence et de la nôtre, nous les renverrions à notre Traité *De la Sainteté du Serment* politique, et surtout au grand *Manifeste de l'Eglise Romaine,* avec l'Eternel *Défi* d'y répondre.

L'IMPUISSANCE

DU

Parti légitimiste.

Filii hujus Sæculi prudentiores filiis lucis in generatione suâ. Luc, XVI.

Et d'abord les *Légitimistes*, en général, sont assez mauvais *Juges* de l'Ordre de Choses et surtout de l'Ordre de Personnes de 1830 : ils les ont faits; et ce sont leurs *Ennemis !* car ils furent le Gouvernement, ils furent même la dynastie Mère, l'Aînée, l'Antique, la Magique; et ils avaient, pour se fonder, pour se faire aimer, pour se faire craindre au besoin, des précédens, c'est-à-dire des illusions de près de mille années. Ils avaient encore une effusion d'erreurs et par suite une effusion de sang non interrompue pendant un quart de siècle, et l'assentiment de l'Europe politique, apparent, ce qui est autant ou plus que le réel. Ils avaient surtout l'assentiment réel, et ce qui est encore plus, le sentiment de l'Église catholique, laquelle est après tout «la *seule* puissance *organisée* et forte qu'il y ait au monde», pour parler comme M. Guizot lui-même.

Si un Gouvernement, si une Dynastie surtout, n'avait pas *fait*, à la lettre, ou laissé se faire, ce qui est encore pire, l'Ordre de choses et de personnes qui les a détruits, *qui donc* les eût faits?—Et même s'ils n'eussent pas su ou pu les prévenir, et si, se croyant Omnipotens la veille, ils s'avouent anéantis le lendemain, où serait, à leurs propres yeux, leur justification, et, pour parler comme eux, leur légitimité?

Mais pour apprécier mieux le *Parti* légitimiste, en tant que parti (car en tant que Classe sociale et sentiment, il est, malgré lui, un des plus grands et des plus utiles élémens du pays), il faut avant tout le définir :

C'est l'Aristocratie, ce sont les Grands Seigneurs, les *Nobles* proprement dits du pays, et surtout les *Princes* des *Prêtres*, c'est-à-dire, dans un pays, les

1

moins bons, quand ce ne sont pas les meilleurs : — les récalcitrans à l'Évangile, au Christianisme, quand ce ne furent pas leurs ennemis, leurs persécuteurs , leurs bourreaux ; et depuis, les premiers et la plupart Schismatiques.

Les Fondateurs du Christianisme, les Fidèles furent des hommes de peu ou du Peuple.

Et saint Paul a soin de le proclamer dans sa belle Épître première aux *Corinthiens*: « En effet, mes frères, voyez ce que vous êtes d'appelés ; et qu'il y en a peu parmi vous qui soient sages selon la chair, ou puissans, ou nobles : *Non Multi Potentes, non Multi Nobiles.* Mais ce qui est insensé selon le monde, Dieu l'a choisi pour confondre les sages : et ce qui est faible selon le monde, il l'a choisi pour confondre ce qu'il y a de plus fort. Il a choisi enfin ce qu'il y avait *de moins noble* et de plus méprisable : et *ignobilia* mundi, et contemptibilia *elegit* Deus ; même *ce qui n'est pas*: et ea *quæ non sunt* ! pour détruire *ce qui est*. Afin que *nul homme* n'ait de quoi se glorifier devant lui. »

Le Parti Légitimiste, c'est encore la Grande Propriété ; les Riches enfin, si hautement, si terriblement, si incessamment... condamnés, damnés, et comme excommuniés par le Sauveur, né pauvre, vivant pauvre, mort pauvre, et nu, pour flétrir à jamais tout ce qui n'est pas simple dans le monde, toutes les sortes de *cumuls*, en vêtemens, en nourriture, en habitations, en fonctions, en honneurs, en traitemens (les cumuls et les *Cumulards* ont perdu la première Restauration, et voudraient perdre la seconde, pour devenir *Cumulards* une seconde fois), et surtout en *Listes Civiles*.....

Le Légitimisme ? c'est une *fraction*, c'est une *Faction*, d'abord la plus petite en nombre, ensuite la pire de toutes les factions, par là même qu'elle est, avec des principes, sans principe aucun; avec des souvenirs, des prétentions, des ressentimens, des haines illimitées, sans action et même sans intelligence aucunes, une inaction, et presque une *abstraction* (*), en présence et au milieu de

(*) Je ne voudrais, en philosophie, que les *noms* reçus, acceptés, ou même pris, des gens que j'aime d'autant plus que je les *prends* mieux *à partie*, pour faire sentir aux autres, et même à eux la fausseté, la vanité, la nullité de leur position et de leurs prétentions. Car Dieu lui-même a voulu que les noms des autres, comme les siens, exprimassent parfaitement leurs personnes, et qu'ils *s'identifiassent* même avec elles. *Nomen* et *Numen* sont synonymes en toute langue. Et voilà pourquoi toute Prière, toute *Bénédiction* commence *au Nom* et par le *Nom* de Dieu ; et toute grandeur va à la Noblesse et se confond avec elle. — Les *Bons* ont des noms et des épithètes tous plus superbes ou charmans les uns que les autres, les derniers même, les nouveaux plus que les vieux : — *Chrétiens*, —*Catholiques*, —*Apostoliques*, — *Romains*, — *Fidèles*.—Les autres, impatiens de tous noms, sans noms comme sans choses, sans Foi, sans Charité, sans Espérance, sans Dieu : — *Payens;* —

deux ennemis nés et radicaux, qui ont à la fois des principes, de l'intelligence et une grande activité.

Les *Légitimistes* ne sont évidemment, en tant que Légitimistes et politiques,

---

Juifs (aujourd'hui *Israélites*);—*Manichéens*,—*Ariens*,—*Grecs* Russes, n'osant s'appeler de *Photius*; — *Luthériens* (Lutins); — *Calvinistes* (Caïnistes); — *Réformés*; — *Protestans*, aujourd'hui *Évangéliq es*, *Presbytériens*, *Quakers*, et autres dénominations plus ou moins mal sonnantes, *tristes*, ou *sinistres*; — *Jansénistes*; — *Constitutionnels*; —*Philosophes*;—*Théophilantropes* (*Filous en troupes*);—et aujourd'hui *Voltairiens*; — *Saint-Simoniens*; — *Fourriens*; — *Lamenaisiens*, etc.

Et quel *Athée* (si Athée il y avait) supporterait, sans soufflet (je parle humainement), de s'entendre nommer *Athée*, ou seulement *Impie?*...

Il en est des *Partis*, et surtout du plus mauvais, celui qui se dit, et qui se croit peut-être, le *Parti de Dieu*, comme des sectes. Celui en question change à tout moment de nom, *n'a pas de nom* (expression proverbiale énergique). Le nom est le signe d'une *réalité*; et ils n'ont point de *Réalité*:—Un moment *Carlistes*, en effet, ils en ont éludé le nom... *carlin*;—depuis, sujets d'*Henri V*, ils ont rejeté, apparemment comme inélégant et même rude et ridicule, le nom d'*Henriquinquistes*.

Les noms même naturels et sonnans ne leur vont pas, aux uns par timidité, aux autres par système. C'est ainsi que la *Gazette* rejette le nom de *Légitimistes*,... parce qu'il n'est pas *National*; et que, tous ensemble, ils n'osent pas dire, et se croire *Royalistes*, comme a fait l'ancien *Ami de la Religion* (en supprimant *et du Roi*); de peur sans doute de paraître *Philippiste* aux enfans, lesquels ne connaissent guère de *Roi* que le *Roi des Français*.

Comme les *Légitimistes* n'ont pas et ne sauraient avoir de noms *propres*, ils voudraient ôter à leurs ennemis jusqu'aux leurs :

Ils portent l'esprit de parti, et, disons-le, d'insubordination, mais aussi d'aveuglement et de suicide, jusqu'à refuser à Louis-Philippe le titre de *Roi des Français*, et surtout le titre de *Roi* (*).

(*) La *Quotidienne* et la *France*, qui n'appelèrent, longtemps après 1830, le *Roi* que *Duc d'Orléans*, le nomment aujourd'hui, tantôt *Chef de l'État* ou du *Gouvernement*, etc., tantôt *Louis-Philippe*. — Des variantes du bon ton et de *la Mode* furent le *Palais-Royal*, et même l'*Hôtel-de-Ville*.—Lorsque le Palais-Royal échappa, on dit, parce que c'est *Bourgeois*, le *Château* : (Jamais on ne dira, les *Tuileries*, royales par excellence.) — On a dit, un moment, au lieu de *Louis-Philippe*, etc., *Quelqu'un*;—puis, le *Système*, etc. — Lorsqu'il leur prend envie de varier, lors surtout qu'ils citent les paroles et surtout les éloges des royalistes dynastiques, ils se montrent encore plus faux; ils disent *Roi des Français*, et surtout *Roi*, en *italiques*. (Les *Gazettes du Midi* et de *Metz*, les

ni de la grande Majesté de la France, ni de la Méliocre, ni même de la Petite : la Grande n'est rien, précisément parce qu'elle est tout; — la Moyenne, c'est le Gouvernement et les hommes *de* et *du* gouvernement; — la Petite, c'est l'Église, laquelle est toujours, et pour cause, *en minorité* dans le monde.

Son caractère, s'il en avait un, serait de n'oser rien affirmer, rien nier absolument, sur les plus grands Dogmes en Religion, et sur les plus grands Principes

---

C'est se faire, autant qu'il est en soi, Régicide !

Si encore c'était dans les deux ou trois premières années de la Révolution et de la Dynastie de 1830 !

Mais, après quatorze années pacifiques, c'est-à-dire presque deux fois plus que le gouvernement qui a duré le plus pendant le demi-siècle de nos guerres civiles et étrangères ! — cela est... dégoûtant, car c'est nier le *Fait* ; — c'est nier la Nature, qui, de soi, est si opiniâtre; — c'est nier la Majorité du Pays, nier le Pays, nier la France ; — c'est nier Dieu ; — c'est lui dire : *Vous m'avez Menti !* — c'est lui donner en face *un soufflet*..., le dernier, le pire, le plus judaïque de tous.

C'est recommencer le système, l'illusion, l'audace, qui ont fait tant de mal à la Restauration de 1814 ; qui l'ont frappée au cœur ; qui lui ont été *Homicides in principio*...; en vertu desquels, le Roi *Impotent*, *Fainéant* de dix-neuf années, a déclaré, ce que Dieu même n'eût pas pu faire : — qu'il n'avait pas cessé un moment d'être *Roi*, qu'il avait été Roi *toujours*; — et que c'était sous ses auspices apparemment (quelqu'un et même plusieurs ont dit : « par ses menées ») : que le *Serment* du *Jeu de Paume* avait été mis à la place du *Féal* Serment des députés à l'*Assemblée Nationale*, le jour de son inauguration quasi-ecclésiastique...; — que Louis XVI avait été mis au Temple, et transféré à la *Place* où *battait monnaie* la Révolution ; — et, même que le duc d'Enghien avait été trahi, emmené, mis à mort par *Commissaires*, et jeté dans les *Fossés* de Vincennes !!!

Comme si, en définitive, Louis-Philippe n'était pas autant *Roi des Français*, et même *Roi de France* (puisque nous parlons de journaux) que la *France* et la *Gazette de France* sont *France*, et même l'*Écho Français*, français !

---

plus basses servantes de ces messieurs en province, adoptant l'orthographe du noble Provençal Marquis de *Fortia*, disent : *Roi des Francé*, et même des *Françouas.*)

Il en est un qui trouve très significatif, lorsqu'il est forcé, pour être entendu, ou parce qu'il cite, d'écrire *Roi*, de choisir des lettres grandes italiques ou qui penchent et semblent *tomber* : *ROI*, etc.

Lorsque MM. *Walsh* veulent faire les *Modistes* parfaits, les mauvais plaisans ; car, n'étant pas *Français*, par *leur nom* du moins, ils ne sauraient être *malins*, ils disent : *Roa !*

S'ils osaient, lâches qu'ils sont, ils diraient *roué !* et peut-être *à rouer !*

en politique, précisément parce qu'il sont grands, et qu'ils lui sont hostiles.
Entre trois nuances, qui sont leurs organes dans la presse ou à la tribune,
l'une, la *Gazette de France*, nie sérieusement, nie toujours le *Droit Divin*, c'est
à dire la Source Divine du Pouvoir, et par conséquent celle de la branche aînée,
comme celle de la cadette. — La seconde l'affirme, mais implicitement, c'est la
Quotidienne. — La troisième se tait, à la suite sotte des deux autres : c'est le
plus impuissant, le moins lu, le plus obéré des journaux : et qui, pour cela
même, s'est appelé du nom le plus puissant, le plus riche : *la France*!

(L'*Echo Français*, lui, n'a pas même la prétention de passer pour légitimiste.)
Le journal qui nie le *Droit Divin* affirme sérieusement la *Souveraineté Nationale*. — Celui qui suppose le *Droit Divin*, ne fait qu'opposer cette *souveraineté* au
gouvernement, par cela seul qu'il en est l'enfant. Comme si, en Conscience, et
en Religion, on pouvait faire, même à un mauvais sujet, le reproche de ne l'être
pas toujours ! — Et puis, notez que les quatre sortes de journaux légitimistes
se haïssent mille fois plus entr'eux qu'ils ne haïssent patemment les journaux
dynastiques, ou hypocritement les républicains !

Mais il faut sonder plus profondément le mal ici, et peut-être verra-t-on qu'il
est plus grand, plus profond qu'on ne pense, et qu'il n'est politique que parce
qu'il est religieux.

L'indifférence, et même l'impiété, il faut le dire, sont le secret de l'opposition
légitimiste, indépendamment de ses chefs politiques ou militaires et de ses em-
ployés, et surtout de sa petite armée, de son *troupeau* (Louis XVIII disait bien
en riant : *C'est moi qui suis Colin* !) en France, indépendamment surtout de
ses Princes à l'extérieur, qui se sont fait, qui ont pu se faire une *conscience à
part*, et mériter des *Grâces... d'Etat...*

Il est, exclusivement, quatre sortes de Chrétiens en France : les *Ultramontains*,
les *Gallicans*, les *Calvinistes*, et les sages philosophes. Les gens de la *Gazette* attaquent les premiers; ceux de la *Quotidienne* les défendent ; et la *France*, qui ne
sait pas même la différence qu'il y a entre les quatre, les élude, les défend ou
les attaque indifféremment tous.

Les *Jésuites*, qui sont, ou qui semblent les sentinelles avancées de la Religion,
sont éludés ou trahis, tous les jours, par tous les légitimistes !

La Morale, même personnelle , de leurs Chefs (*) ne paraît pas resplen-

---

(*) Qui n'a su, depuis bientôt vingt années, les ventes, les reventes, les doubles ventes,
les fausses ventes, et néanmoins les prix, les *cotes*, de la *Quotidienne* en masse, et de la
Quotidienne en détail , lesquelles ont failli plus d'une fois faire chasser les *Vendeurs du
petit Temple*, et les faire poser à la *Police Correctionnelle* ?

dissante à côté de celle de leurs adversaires : et il y a tel Foyer de leur presse et
même de leurs *petits comités*, où, *innocent* que j'étais fier d'être, j'ai rougi pour
ceux qui ne rougissaient pas, et où je me suis même pris à dire à l'un d'eux : *il
vous mésarrivera* ! .. Et il lui est *mésarrivé* déjà, au point de perdre, dans l'année,
je ne dis pas son *honneur*, mais sa fortune, et presque sa vie.....

Comparez-les ensemble ou séparément avec leurs adversaires, rois et sujets,
dans tous les pays et à toutes les époques ! — Et surtout avec les modernes,
mieux connus ! — Et, cependant, tout est plus difficile aux rois et aux hommes
tout nouveaux, qui ne sont *tout beaux* qu'un moment : parce qu'ils ont à combattre,
incessamment, et leurs vieilles passions, et celles des trois partis réunis pour les
attaquer . 1° leurs ennemis vaincus ; 2° leurs ennemis *à côté* ; — 3° leurs amis
insatisfaits et bientôt exclus. — Cromwel fut aussi sévère dans ses paroles, et
même dans ses mœurs personnelles, que Charles Ier et Charles II étaient libres
et même libertins dans les leurs ; — et, comme Souverain, il fit, il continua, on
peut le dire, la fortune terrestre et maritime qui imposa à Louis XIV, et qui fut
reprise, à distance, par la simple *Reine Anne*, laquelle donna son nom à son siècle.
— Il suscita, et même vit venir, ou revenir, à lui, les trois plus grands hommes
rationnels de l'Angleterre : Hobbes, Matthieu Hales, et Barrow, le Maître dont
Newton ne fut que le disciple. — Guillaume, plus coupable et moins fort
que Cromwel, fut à Jacques II ce que celui-ci avait été aux Charles Ier et II ;
et ce fut sous son règne qu'apparurent une suite d'hommes consciencieux,
savans, orateurs, logiciens, qui démontrèrent avec éclat l'histoire du christianisme dans des chaires devenues européennes : — Boyle, comte d'Orrery, etc.,
pair et lord d'Angleterre, auteur d'une *Conciliation de la Raison et de la Religion*,
aussi supérieur dans les sciences physiques que dans les théologiques ; — Til-
lotson ; — Wallis ; — Ray, l'illustre auteur du traité *De la Sagesse de Dieu dans
la Création* ; — les Sherlock, *Démonstrateurs de l'Immortalité de l'Ame ;* — Bull,
Défenseur de la Foi de Nicée ; — Ditton, auteur d'un *Traité de la Providence* ; —
Addisson, le *Fénelon anglais* ; — Clarke, le *Bossuet* ; — et ce Newton, que Guillaume mit à la tête de la *Monnaie* d'Angleterre, bien autrement riche que la
nôtre.

Bonaparte, pour un moment de paix qu'il eut, fit à la France autant de bien
moral, et lui donna autant de force et d'influences morales européennes, qu'elle
en avait eu peu depuis la mort de Louis XIV , et qu'elle allait peu en avoir
sous les deux derniers Stuarts de la maison de Bourbon. C'est à sa venue,
et même à ses égards, que la Religion a dû les douze hommes remarquables, qui
lui furent le plus utiles depuis quarante années : Bonald et Châteaubriand,
D'Aviau et Emery, de Boulogne et Frayssinous, Fontanes et Portalis (C'est lui
qui répondit devant Bonaparte, à quelqu'un ergotant contre la Foi *Dominante :
« Nous n'avons pas assez de Religion pour en avoir deux*), Deluc et Cuvier (il a

démontré de rechef la *Genèse*). Benjamin Constant (*) et même le comte de Maistre, malgré son *Ultramontanisme* acéré, et comme *Voltairien*.

Le contraste entre les Hommes de 1829 et ceux de 1830, et surtout entre les hommes respectifs de 1844 est bien autrement grand. — Louis-Philippe, à sa *pensée* de principe près, dont je ne suis pas le juge possible, est aussi intelligent, aussi sage, et surtout aussi fidèle dans sa famille, qu'il a semblé ne l'être pas dans l'état, et que ses deux prédécesseurs, toute leur vie, le furent peu. C'est bien quelque chose, même dans un roi, que l'homme ! —Lorsque la Restauration descendait de Fouché à *Decazes* ; — de M. de Villèle à *Martignac*, de M. de Peyronnet à *Vatimesnil* ;— de Portalis, à *Feutrier*, —il s'est élevé, en fait de *ministres* : de *Laffitte* , à M. *Guizot* ; — de *Mérilhou*, à *Martin du Nord.*—En fait d*Assemblées*, lorsque la restauration n'avait su *trouver* qu'*une* chambre à sa main (et ce fut la pire), Louis-Philippe s'élève , d'une *Constituante* et quasi *Conventionnelle*, à de chambres *introuvables*, où l'on part et où l'on parle, comme M. de Peyramont, de la *Rédemption* par l'Homme-Dieu, pour consoler les malheureux; et qui *flétrissent* jusqu'aux plus innocens des ennemis du roi. — En fait de *presse* : à quatre Journaux , dont le moins accrédité a plus de lecteurs que tous les journaux *légitimistes* n'en ont ensemble, et dont le plus libéral est, par la seule *force* du gouvernement dynastique, comme condamné à défendre la religion et même l'épiscopat , lorsqu'il attaque tel ou tel Evêque ou ministre de la religion. — En fait d'écrivains:..... à *Chateaubriand* , à *Lamennais* , naguère si envenimés contre ses ennemis, vis à vis de lui *silencieux*, dans leurs *Chants de cygne* d'outre tombe, ou leurs *Voix de Prison*. — En fait de *Romans* même : à une suite de *Sue*, d'*Altaroche*, de *Karr*, et même de *Pyat*; — de *Capefigue*, de *Balzac*, de *Scribe*, d'*Hugo*, de *Janin*, devenus *comtes pour rire*, qui font pâlir les vicomtes d'*Arlincourt*..... — En fait de juges : à des *Ferey*, honteux à côté des *Isambert*; — à des *Franck-Carré*, à des *Hébert*, à des *Plougoulm*, à de simples *Nouguier*, que j'ai vu, dans le Procès de la *France*, réduire *Fontaine* à la plus complète stérilité.—En fait d'armée: à une *Garde Nationale*, à des régimens presqu'autant dynastiques que la *Garde* même *Royale* de 1830 était incertaine.

(*) La Monarchie légitime et quasi-légitime, l'Usurpation, surtout, doivent à Benjamin Constant le plus beau livre qu'elles puissent offrir à leurs amis et à leurs ennemis, sous le titre *De l'Esprit de Conquête et d'Usurpation*. (Nous n'avons eu besoin que de le développer dans notre *Transmission Héréditaire des Trônes, considérée comme unique principe des Libertés nationales*).

La Religion Catholique elle-même doit infiniment plus qu'on ne pense au *Traité de la Religion dans sa source, ses formes et ses développemens*, « le seul de mes ouvrages auquel je tiens », dit en dernier lieu l'Auteur.

En fa t de démocrates ou de prétendans personnels enfin : — à un *Lafayette,* qui voit dans le Roi *la Meilleure des républiques ;*—à un *Laffitte,* qui va la consoler le 13 *juillet ;*—à un *Mauguin,* à un *Odilon-Barrot,* à un *Arago* même, plus traitables, c'est-à-dire plus sages, qu'on ne pense;—à un *Béranger,* qu'on ne voit plus qu'aux funérailles;—à un *Lamartine,* lié à jamais devant les révolutions par des *Méditations* chrétiennes et des *Chants du Sacre* monarchiques et bourbonniens.

En fait de banquiers, devenus, dans les derniers temps, les égaux, et quelquefois les auteurs des rois, Louis-Philippe a, plus que Roi n'eut jamais, tous les Rotschild.

En fait de rivaux ou d'ennemis... rois en Europe ? le Roi en est à une *entente* plus *cordiale* cent fois, même avec l'Autriche, la Prusse et la Russie, que n'était celle de la Restauration, puisque la Restauration avait été, on peut le dire, *refaite* sur le vide en 1814 et 1815 par les *Alliés,* et qu'on ne voit pas encore que la *Sainte-Alliance,* si profane, soit en mesure d'abandonner la révolution de juillet. — La Restauration ne sut que remettre sur un trône sapé (Bonaparte disait du sien : *quatre sapins couverts d'un velours*) un Roi... de *paille* espagnol;—et la dynastie de juillet retient le nouveau Roi d'Espagne à Bourges, et se fait faire la cour par la Prétendante ! — Et, après avoir placé sa fille sur le trône de Belgique, ne voudrait-elle pas, encore aujourd'hui, élever un de ses fils sur celui d'Espagne ! — Telle est enfin l'habileté personnelle du roi des Français, homme de Cour et galant homme, s'il en fut jamais, qu'il est venu à bout de se faire faire visite par la reine d'Angleterre, et de n'avoir qu'à la lui *rendre.*

Le si fier Empereur Nicolas, un peu *Russe* par sa nature, n'a pas même songé à la supériorité qu'il donnait là sur lui à Louis-Philippe.

Et Louis-Philippe n'a sur le Prétendant toutes ces supériorités diplomatiques, politiques, civiles, littéraires, que parce qu'il a préalablement en sa faveur, et exclusivement, les supériorités catholiques. Aucune ne lui fait défaut. — Il s'est élevé : — en fait de *Nonces Apostoliques,* de l'abbé Garibaldi, à Monseigneur Fornari, Archevêque de Nicée; — en fait d'*Evêques,* de l'*abbé Guillon,* élevé et comme abaissé au siége, infidèle par excellence, de *Maroc,* aux Cardinaux de Cheverus et de Bonald, à Letourneur, à De Vie, à Donnet, à Du Pont, à Dupuch, à Giraud (nouveau *Fénelon* à Cambray), et à soixante autres dignes prélats dont l'*opposition* le sert plus que ne ferait la flatterie, et qui ont le rare mérite politique de *forcer* au respect de son Pouvoir la *Quotidienne* et la *France,* et même au *ministérialisme* pur l'*Univers,* et un tems à l'*Ami;* — en fait d'*Orateurs* de la chaire, à Duquesnay, à Fayet, à Deplace, à Humphry, à Marquet, à Ravignan, à Dupanloup, à Cœur, à Lacordaire, qui parlent à la Reine Amélie comme ils ne feraient pas à Marie-Thérèse.

Le dernier Pape, l'actuel, le *Vivant,* toujours le meilleur, et le seul infaillible, est toujours le plus généreux envers Louis-Philippe.

En sorte que le jeune *Néo-Ultramontain* Montalembert, qui semble attaquer l'Université de Louis-Philippe à la suite des Évêques et même du Pape, n'est que l'homme qui sert le mieux Louis-Philippe et même l'Université; seulement il compromet, il tue, sans le savoir, et sans que le Clergé s'en doute, le Clergé à la façon de *Julien*, et de Lamennais, son maître encore aujourd'hui.

Quoi qu'il en soit, rois, ministres, chambres, tribunaux, électeurs, armée à la suite, rois amis ou ennemis de Louis-Philippe, tous ensemble, si intelligens, chacun en droit soi, qu'une fois *le temps* et *le lieu* venus, et lorsque Dieu l'aura dit, vous les verriez tous *proclamer*, et même faire une Restauration, même de dynastie, par eux et pour eux exclusivement !!!

Et voilà pourquoi tous les hommes habiles, et surtout les grands (et la France n'en a jamais manqué de ce genre; seulement, chez nous plus qu'ailleurs, *on n'aime que la gloire absente*; et on pense, de son vivant, mais on ne dit celle d'un homme qu'après sa mort)... commencent tous par être *Légitimistes*, et finissent tous par ne l'être plus.—Et pour ne parler que de la France, et même de la nouvelle, Benjamin Constant, Soult, en 1814; — Royer-Collard, Guizot, Salvandy, Villemain, en 1817; — M. de Châteaubriand, en 1822; — M. Lamennais, en 1825; — M. de Cormenin, en 1827; — M. de Lamartine, en 1831; — la Famille *Bonald*, en 1832. — On voit même que la plupart des dynastiques célèbres (et, *à fortiori*, tous les autres) furent, un temps, plus ou moins légitimistes (*).—Le petit nombre des légitimistes qui ne cessent pas de l'être, ou plutôt de le *paraître*, semblent d'abord Jacobins, et quelquefois le deviennent !—Voyez, en tout cas, leur généralité, se révélant à son insu, délaisser la *Gazette*, et surtout la *Quotidienne* et la *France*, se rattacher à l'*Echo*, et même à la *Presse* et au *Siècle*, et M. l'abbé de Genoude fonder en conséquence la *Nation*.

Il faut qu'il y ait, dans l'esprit révolté et révoltant, quelque chose de bien fatal.

(*) Dans tous les ordres : — la plupart des Journalistes, *Lingay*, *Capefigue*, *Véron*, *Jules Janin*, tous disciples bien-aimés de feu Michaud et de la *Quotidienne*. — Les Poètes et Hommes de lettres : *Hugo*, *de Balzac*, et même *Scribe*, *Dumas*; mesdames *Tastu*, *de Girardin*, etc. — Et surtout les Jeunes-Frances politiques : Saint-Marc-Girardin, de Sacy, de Ségur-Lamoignon, de Montalembert, de Tocqueville, de Beaumont, de Carné, etc.

Aucun des *légitimistes* supérieurs n'a cru pouvoir ou n'a su publier, et seulement approuver en public une opinion de ce caractère, et surtout ceux qui sont ou qui se croient de quelque portée nouvelle : M. de Frénilly, M. de Villèle, M. de Peyronnet, M. Dudon.

Dans le Clergé, où l'on est préoccupé de la Vérité et des Devoirs, même en les violant ou les laissant violer,... lorsqu'on est légitimiste, on se garde avant tout de le paraître. Et c'est la cause secrète de la difficulté de l'*Ami de la Religion*, de l'avortement de l'*Union catholique* de MM. de Lavan, et du petit *Brouhaha* de l'*Univers* de M.... *Taconnet*.

Les légitimistes *ralliés*, MM. Pasquier et Decazes, Séguier et Portalis, lorsqu'ils ne sont pas supérieurs en talent ou en vertu, portent peut-être plus de malheur à la dynastie que ne lui font de bien ses vieux amis et même ses nouveaux, ceux qui, par leur âge, n'ont pas plus connu la fin du vieux règne que le commencement du nouveau.

C'est que le *Légitimisme*, étant une innocence ou un crime, est..... impossible.

C'est que la nature des hommes et des choses, c'est que Dieu ont dit et voulu, et les hommes les moins croyans dit et fait en conséquence, que le plus triste, le plus pauvre, le plus intrus des Usurpateurs même proprement dits (lorsqu'il est reconnu par une majorité suffisante), valait mieux que le meilleur des Prétendans.

Et pourquoi aussi la Providence des Nations, et même celle des Rois et des Bourbons, prend soin de châtier incessamment les Restaurations consommées, et jusqu'aux tentatives de Restaurations. L'hypocrite *Levée de bouclier* de *Belgrave-Square*, faite exclusivement par l'*Aristocratie* et la courtisanerie politiques (*) du malheur, pires que les autres, a été châtiée, précisément le lendemain, à tous les endroits par où elle péchait la veille : — A son beau Milieu, et lorsqu'elle allait courir en roi de par le monde, par la nouvelle, tombée comme la foudre à Londres, de la grave maladie du grand roi titulaire à Goritz; — à son retour à Paris, par la mort, on peut le dire, subite et tragique de l'admirable femme qui fit presque seule et si royalement les honneurs de la cour étrangère; — par la mort, plus subite encore, du fils aîné de l'*Aide de camp* du roi futur, détaché précisément de l'État-Major diplomatique pour annoncer à toute l'Europe, de par la *Quotidienne*, qu'on *arrêtait la prescription*, qui semblait *courir* contre soi. — Enfin par la mort héroïque, sur un lit de douleurs prolongées, le vrai champ de bataille du fidèle, du vrai *Roi de France;* — suivie, pour dernière peine du parti, d'un *Mort le Roi*, sans *Vive le roi*, du grand-maître... littéraire des *Cérémonies*, Chateaubriand, dans la *France du Treize* (**).

Mais les fautes, les *compromissions*, l'incapacité, l'impuissance, et, par conséquent le danger du Parti et de la Presse légitimistes, sont après tout, le fait de sa portion aristocratique, et par conséquent du *Comité* qui la dirige.

Qu'est-ce qu'un *Comité*?... Son origine, ses affiliations, et jusqu'à son *nom* de *Commission*, de *Commis*, et même de *coterie*, ne sont pas heureux déjà. — C'est,

(*) « Quelque idée que l'on ait de la crédulité du peuple et de la bassesse des courtisans (dit dans ses belles *Maximes* le duc de Lévis, qui se connaissait en courtisans), on est toujours au-dessous de la vérité. »

(**) Un habile dynastique, un roué, et par surcroît un journaliste légitimiste avorté, en vérité, n'eussent pas imaginé mieux, l'un pour constater le *décès politique* de la Branche

au fond, une réunion d'hommes, qui se *pensent* réciproquement, alors même qu'ils ne se disent pas, qu'*un seul* d'entr'eux n'a pas la grâce et la capacité suffisantes.

Le *Comité* le mieux composé, de sept Comtes de Maistres, ayant M. de Villèle pour secrétaire, composé de sept *Anges* (et j'y connais plus d'un Judas, qui se croit un ange peut-être, tant on finit, en temps et lieu, par *avaler* le crime, comme on *avale l'eau*, et même l'Hostie !) ne serait pas autre chose qu'une *Aristocratie*, c'est-à-dire le pire et le plus odieux des gouvernemens, n'ayant, dit Montesquieu lui-même, ni la force de compression de l'unité, ni la force d'énergie du nombre; — une petite aristocratie qui exclut forcément la grande même du parti; — une aristocratie qui, par sa nature, se cache au Gouvernement et à l'Opposition sérieuse, et qui est faible comme tout ce qui est honteux; — qui se cache même à son parti, pour ne pas trop blesser au vif la capacité et l'amour propre de tout ce qui, dans le parti, est au-dessus des... *sept*; — une aristocratie forcée par tous ses vices internes et externes à se modifier à tout moment; — une aristocratie enfin qui ne sait jamais ce qu'elle a à faire, ou plutôt qui n'a rien à faire....

Lorsque, pour son objet, le *Comité* est présumé, par une de ces présomptions *juris*, et presque *de jure*, avoir des intelligences avec ce qu'il y a de plus odieux dans un pays, principalement en France, l'*Étranger*, et surtout l'Autriche et même l'Angleterre, c'est bien autre chose !

Aussi l'Historique ou plutôt l'Historiette de capacité et d'importance du plus fameux, du plus historique des *comités* restaurateurs, est assez connue. Un mot le résume. C'était la *Mouche du Coche*. M. Royer-Collard, royaliste faux, s'avouait le *Pou de la mouche* (car la mouche elle-même a des *poux*), et Talleyrand consentait à n'être que le *plumeau* à la fois de la *mouche* et du *pou de la mouche*.

aînée, l'autre pour avoir une *réclame*, contre la *Quotidienne* et la *Gazette* (elles n'ont vu là que du feu !), en faveur de sa feuille, qui continue depuis des années à paraître *incognito*, n'eussent pas, disons-nous, fait mieux que la *Lettre* de feu *Chateaubriand* au Ressuscité *Baulny* :

　　« Monsieur le vicomte,

« Je viens de lire dans la *France* la lettre que vous aviez bien voulu me faire connaître, et qui devançait les sentiments si noblement exprimés dans la *Gazette de France* et dans la *Quotidienne*. Je me félicite que ma famille ait contracté avec la vôtre une *alliance qui m'est honorable et chère,...*

« Cependant, *cette famille qui, durant neuf siècles, a commandé au monde, trouverait à peine aujourd'hui un vieux serviteur pour lui élever, au bord des flots, un bûcher avec les débris d'un naufrage !...»* — En vérité, c'est à n'en pas croire ses yeux !!!

Quelles ténèbres dans les fidèles, ou quelles perfidies !

Les adversaires du Parti Royaliste ont fait, ou font encore, bien autrement, et bien mieux : ils font des sociétés vraiment publiques, vraiment politiques, vraiment fortes, sous le nom de *Sociétés Secrètes*, dont les *Maîtres* ne sont vraiment *grands*, et n'ont vraiment l'omnipotence, que parce qu'ils ont l'humilité des sujets maîtres et rois, qui, en les élisant, se sont élus. — Les Comités Royalistes n'ont jamais été, et ne seront jamais que les caricatures des sociétés libérales. — Ils en sont même des dupes !

Si le Comité Légitimiste avait une grande mission, ce serait de préparer, de faire, de créer (car ils ont besoin d'être créés), ses orateurs dans les chambres ; et de les réparer, lorsqu'ils ne l'ont pas compris ou lorsqu'ils l'ont méprisé (*). C'est ce que font, si habilement tous les jours, la Presse Dynastique et même la Presse Républicaine. — Qu'ont fait, depuis quatorze ans, les *Comités* divers qui se sont succédé, l'un sur les débris et les jalousies de l'autre?... Deux choses apparentes : — une petite convocation générale pour l'union des journaux grands et petits, lesquels se sont un peu mieux divisés le lendemain ; et un *Memorandum*, que le seul spirituel de ses signataires a nommé le *Moriendum*. — Et ils ont *laissé faire*, n'ayant su prévenir ou contenir, la petite tribune et la petite Presse légitimistes, qui perdraient la France, si la France pouvait être perdue.

Il est un homme dans le *Comité*, qui est à la fois, précisément par son impuissance et son orgueil d'enfant (à la différence de celui de M. Fitz-James, lequel est d'homme), l'âme, le secret, mais aussi et surtout la neutralisation et le désespoir (*) du *Comité*, parce qu'il est une *parole* continue, dans un temps où tout est parole et Presse, et surtout *abaissement continu*. — Il est un homme

---

(*) M. Berryer, sachant très bien que le débile *Comité* ne l'a accepté que par peur, affecte de le respecter, et s'efforce de l'effacer, par intérêt. Et le comité le lui rend, car le grand ou petit jugé indigne du comité, M. le *vicomte-Sosthènes-duc-de-Larochefoucault-duc-de-Doudeauville* (répété deux fois en toutes lettres, à deux portes semblées faites doubles *ad hoc* (à côté l'une de l'autre, sans doute l'une pour *Monsieur* et l'autre pour *Madame*, dans la rue de Varennes), s'est arrogé le droit et même le devoir d'avilir *Berryer*, dont le nom et les titres sont aussi laconiques ou *grecs* que les siens sont ultra-monarchiques.

« Enfant gâté, M. Berryer se rit de *tout* » ; — « il *croit à peu* » ; — « il *aime l'argent*... » ; — « sa parole, il la donne de bonne foi et *la retire de même* » ; — « la France lui reprochera d'avoir *abandonné*, dans *toutes* les occasions, ses intérêts » ; — « s'il est beau de mourir sur la brèche, il est triste de s'y évanouir. »

Mais savez-vous pourquoi, selon M. *Sosthènes*, M. Berryer *se rit de tout*, *croit à peu*, *aime l'argent*, etc.? Je vous le donne en mille. C'est parce qu'il a manqué la pensée de la... *Réforme !*

bien constitué, robuste, susceptible de se montrer sans rougir en public, d'affronter le Public, de courir, par *monts* et par *vaux*, en poste ou vapeur, à pied, et même à cheval, les localités, les ovations électorales, et de poser à la tribune comme à la barre, quelquefois même sur la sellette des *assises*... M. le duc *un tel* ne peut se faire entendre, et pas toujours, que dans son salon ; la *Quotidienne*, dans quelques châteaux isolés. Pour un siècle et pour un pays de *représentation*, plus ou moins *Nationales*, il fallait un petit *monstre*, au défaut d'un grand, à *faire voir* (*) et entendre au théâtre constitutionnel ; et cela paraissait dur à faire ou à souffrir à l'aristocratie (**), dégénérée ou dédaigneuse, qui s'en repose sur un homme du peuple et qui en porte la peine.

M. Berryer s'en est accommodé par provision, et faute de mieux.

Il est la personnification de la *Quotidienne* ; il en a, il en fait, il en reçoit tous les défauts. Il est son esclave, mais aussi son roi ; et, par suite, l'aide de camp orateur du Prétendant, comme M. de Chateaubriand en est l'écrivain, et M. de Locmaria le journaliste.

Considéré comme homme (et l'homme est toujours meilleur que le personnage), M. Berryer, avocat-*Voix*, bien plus qu'avocat habile ou seulement judicieux, n'avait pas même su garder des alimens sur l'or que les journaux royalistes avaient fait pleuvoir dans son cabinet d'avocat, ou seulement le simple patrimoine de son père laborieux. Il eût mérité l'abandon au moins de son parti, si son parti avait été un parti seulement. C'est une Dotation, c'est un *Chambord au petit pied*, qu'on s'est cotisé pour lui donner, sans être sûr de l'y voir mourir, pour y pleurer son père et sa femme, et gîre à côté d'eux !

M. Berryer, tribun (***), et à sa suite la *Quotidienne*, dans la France, sont, en

---

(*) Mot de madame de Staël sur le grand *Monstre* Mirabeau.

(**) La Chambre des Pairs étant essentiellement élue pour résister à la chambre des Députés *parleuse*, est essentiellement *faiseuse*. Elle fait si peu de cas de la parole, qu'elle vote, en général, en sens inverse des frais qu'on lui fait d'éloquence. C'est un mérite comme un autre. La majorité souffre le petit nombre des Légitimistes, pour en faire, sûre d'en faire, des *Ralliés*, les uns par leur âge ou leur enfance, les autres par leur pauvreté. Les *Crillon*, — les *Richelieu*, les *Brissac*, les *Breteuil*, etc. — Les deux hommes les plus isolés et les plus hors de la chambre sont précisément les plus *Eloquens* ou les plus *Ecrivans* : *Brézé* mourant en ce moment à la peine, — et *Montalembert* qui y rajeunit.

(***) ... Au plus magnifique *lieu* d'éloquence et de grandeur qui puisse se présenter jamais à la Tribune, à sa descente de Londres, lui *Fidèle*, accusé solennellement de *Parjure*,... par un parjure, M. Berryer n'a rien *dit* que de mal, et même que de *faux*. Ce qu'il a fait de bien, c'est son *pas*, le premier à la tribune. Mais il lui fallait plus que l'art d'organiser une attaque ; et quelle attaque ! non d'un homme, mais d'une Chambre, mais d'une Dynastie, mais de presque tout un Pays ;... il lui fallait encore, et surtout, l'art de s'expliquer, c'est-

politique, précisément ce que fut, en religion, l'abbé Maury à la Constituante. Ils donnent lieu de croire aux adversaires de la vieille Monarchie et de la Religion

---

à-dire de s'attaquer personnellement.—Et le premier mot de tout cela il ne l'avait pas, n'en ayant pas la première pensée. C'étaient exclusivement les *Argumens ad Homines*, et les *Tu es ille Vir*, ici, qui devaient, comme la foudre, briller, frapper.

Lorsque M. Guizot, n'osant toucher seulement la seule question dont il s'agissait, la grande du *Serment*, la supposait perpétuellement, il vous fallait la lui rappeler, et lui dire qu'il n'appartenait point à un homme à 13 *Sermens* simultanés ou successifs, la plupart suivis de places, et, en dernier lieu, de premier ministère, de poser et surtout de résoudre, sur, pour et contre qui que ce soit, la question du Serment. Et vous lui répondez, au contraire, précisément ce qui lui était agréable : « Nous croyons à *la Sainteté du Serment Comme Vous*, nous la comprenons *Comme Vous*. »—Vous ajoutez, il est vrai : « Mais nous mesurons, avant de le prêter, l'*étendue* de son engagement. » M. Guizot pouvait vous répliquer : « Et nous aussi, nous mesurons l'*étendue* des nôtres,... et même à l'*aulne* de *votre Église*, laquelle est, en ce moment *pour nous, contre vous!* »

Plus énergique et moins bien avisé encore, lorsque vous vous expliquez sur la visite et sur le *droit de visite* à *Belgrave-Square*, sur le projet et presque le Serment d'union que tous y ont fait de *s'unir bravement tous, si jamais le territoire était menacé*, vous ne vous écriez pas sans courir la chance de quelque mouvement d'incrédulité : « *J'adjure Dieu de me frapper comme Parjure*, si ce n'est pas la vérité *tout entière* que *j'apporte* devant vous! »—Il était bien plus simple, bien plus aisé, bien plus utile, à vous et à la légitimité, de dire tout bonnement à M. Guizot... : « J'ai prêté Serment au Roi des Français, et loin de l'avoir violé à Belgrave-Square, je l'aurais confirmé plutôt... Serait-ce être perfide à un roi vivant, à un régent surtout vivant, que de songer *après* et même *avec* le Serment qu'on lui prête, comme l'épouse fameuse et populaire d'un mari moribond qui lui conseillait un bon homme pour le remplacer : *J'y songeais!*

Raillerie à part, la prestation du Serment le plus entier, le plus dévoué, le plus dévot, ne saurait exclure et enchaîner la liberté de la pensée, infinie de sa nature ; et la seule chose à laquelle un assermenté *vulgaire* du *Roi des Français* soit assujetti, ce n'est pas de l'aimer, c'est de ne pas *conjurer*, et de ne pas laisser *conjurer contre* lui.

Et c'est précisément celui que Pie VII prescrivit sous Bonaparte!...

Lorsque M. Guizot a parlé de l'*Impuissance du parti légitimiste qui le rassurait*, il vous fallait lui répondre que les mauvais sujets seuls avaient besoin d'esprit, et que, dans les grandes causes, l'*impuissance d'un parti*, c'est-à-dire de l'homme, ne pouvait jamais *rassurer* son ennemi, que la puissance de Dieu ne le fît *trembler*.

Lorsqu'il vous a dit : «Votre Légitimité finit et la Nôtre *Commence*», il vous fallait lui répondre, en riant : « Ne vous targuez pas tant de votre *Commencement*, car tous les commencemens, sans Dieu, sont des *enfances* : les vôtres, je le sais, vous le savez bien un peu aussi, font votre tourment. »—Vous aviez parlé avant, et vous alliez parler après, de votre

antique, qu'elles sont sottes, qu'elles sont fausses, et criminelles, comme leurs défenseurs; et qu'ils peuvent, qu'ils doivent, en conscience, les mépriser, les condamner, les flétrir, tous ensemble.

C'est, comme au Palais, d'un Procureur.—« Si Maury n'était pas là, dit un jour Mirabeau, nous ne pourrions pas faire justice des abus du Clergé et des Ordres religieux; car il nous faudrait, ce qui ne serait pas poli, les condamner *par défaut.* »

---

règne de bientôt quinze années, comme la *comédie* dont vous étiez le *Frontin*, le *Figaro*, ou le *Macaire*.—Notre ancienneté est pour vous, sinon l'*Épée de Damoclès*, au moins les *Lauriers de Miltiade*, qui ne vous laissent pas dormir.

« Notre légitimité commence » ?... Et savant et même *Historien* que vous êtes tous des *Révolutions de France* ou d'*Angleterre*, oubliez-vous que ce fut précisément le mot de l'incorruptible Robespierre, le lendemain du 21 Janvier, et sans doute aussi, la *pensée* de Bonaparte le lendemain de son Sacre à Notre-Dame de Paris par le Souverain Pontife?...

Et vous n'en êtes pas encore là, *Bonapartes au petit pied* que vous êtes!

Judicieux publicistes, un temps, vous le dites même dans votre *Gouvernement de la France depuis la Restauration*, qui retombe aujourd'hui, et à jamais, sur vous de tout son poids : « Les Institutions, quelles qu'elles soient, ne s'improvisent point. On ne *fait* pas plus un *Roi légitime* qu'un peuple libre. » Et cela suivi de pages pour le développer!

Lorsque Dupin, *le Figaro du Tiers-parti*, vous a dit, à propos de vos grandeurs royales passées : *Nous inaugurons Molière*, il fallait lui répondre, mieux encore que n'a dit le *National* : Vous l'inaugurez! vous? Nous l'avons fait, nous, en notre *siècle de Louis XIV*, comme pour *fouetter* à jamais *de ses vers sanglans* et de sa prose plus sanglante encore contre l'*Avide* : « Je sais l'art de fouetter les hommes, » et celle-ci de l'*Avare* à ses gens : «*Que diable*, toujours de l'argent! il semble qu'il n'aient rien à dire autre chose : de l'argent, de l'argent, de l'argent. Ah! ils n'ont que ce mot à la bouche, de l'argent, toujours parler d'argent. Voilà leur idée de chevet. » Et ces vers :

Lorsque l'on Pend quelqu'un, on lui dit pourquoi c'est...
Combien de gens font-ils des récits de *bataille*,
Dont ils se sont tenus loin...!

Il vous fallait surtout lui répondre : Vous sied-il de vous *rire* des amis de la *Légitimité*, à vous qui vous en êtes proclamé l'*Amant*, lorsque vous n'êtes que celui *de la puissance*, selon le mot de Royer-Collard, le chef de la *Doctrine* de la puissance?

Cette *doctrine* égoïste et fate, que le Sage a nommée et caractérisée, il y a 4,000 ans : *Doctrina stultorum fatuitas*, Prov. XVI.

M. le Marquis de La Rochejacquelein, dont la *Noblesse* était plus *obligatoire*, aux principes du moins, que le talent oratoire à M. Berryer, a failli à la cause, s'est failli à lui-même encore mieux, par autant de réticences, de non-sens, de contradictions que de mots : « Je n'entrerai dans *aucune* explication par rapport au voyage de Londres, je ne le

Restent donc deux hommes, au fond, pour représenter en ce moment (bien mieux que M. Thiers et M. Berryer), les deux grands partis de la France : M. Guizot et M. le duc de Fitz-James.

M. le Duc de Fitz-James, plus hardi, sans doute parce qu'il est plus fidèle, a

peux pas, je ne le veux plus. Mais on a parlé de la Souveraineté Nationale ; Messieurs, je l'accepte *Tout Entière. C'est en vertu de la Souveraineté Nationale que Je Suis* dans cette chambre et à cette tribune » : — Ce qu'aucun des ancêtres de M. le *Marquis* n'eût dit, ce qu'aucun de ses descendans ne dira, et surtout *à sa place*. — Ce que son oncle Labédoyère lui-même n'eût pas dit : car il fut fidèle, trop fidèle peut-être, à Bonaparte, qui aimait tout au plus la gloire *nationale*, mais qui abhorrait la *Souveraineté* de ce genre.

« Les fatales condamnations du Maréchal Ney et de Labédoyère sont *la folie* de 1815. Ce n'est pas sur nous qu'il faut faire retomber le sang d'une si grande gloire. Mon père venait d'être tué pour le Roi dans la Vendée, et son sang n'a pu être accepté en compensation de celui de mon oncle! » — Le mouvement est beau, il était même à sa place; mais il fallait dire la vérité tout entière, il fallait exprimer son principe, et déduire ses conséquences : — le principe? c'était la faiblesse humaine et réciproque; — les conséquences? la Pitié et la Générosité réciproques; — la Pudeur, du moins, des hommes, tels que MM. Decazes, Pasquier, et même Guizot, qui se trouvaient précisément Secrétaires des Lois et de la Justice de *Septembre*, dans ces tristes jours de réactions, et de 1815.

En regard surtout de la bonne volonté connue du Comte d'Artois, de M. le Duc et de Madame la Duchesse d'Angoulême, et surtout du Duc de Berri, qui firent tout, sinon pour prévenir le jugement, au moins pour obtenir la grâce d'une tête qui devait être si fatale à leur Restauration.

En somme, M. de La Rochejacquelein est de ces *hommes* si bien caractérisés par Madame de Staël (leur *femme*) qui, *avec leurs principes, jettent le genre humain à l'eau, et qui voudraient, avec leurs sentimens, le repêcher à la ligne.* — La *Gazette* avait parlé de la puissance de M. le Marquis ex-*Vendéen* à renverser sa *bête noire* (mais aussi son *idée borne*) la loi électorale : « Il ne renversera rien, a répondu le *Globe* du lendemain, à moins qu'il ne renverse la tribune. »

M. Guizot, son adversaire, qui mettrait volontiers *le feu aux quatre coins de* la France, comme dit Leibnitz, *pour satisfaire le grand orgueil* dont M. Thiers vient de l'accuser solennellement, ne paraît même pas avoir les bons *sentimens* de M. de La Rochejacquelein.

Tous les Légitimistes de la chambre ensemble, et leurs journaux du soir et du lendemain, se sont montrés encore plus incapables, s'il est possible, lorsqu'on les a vus sembler ne pas entendre, et peut-être entendre eux-mêmes comme un *Crime de la Presse* et de l'*Histoire de France*, lorsqu'il fut cité par M. Passy, comme d'un *Jésuite*, pour rendre odieux *tous* les *Jésuites*, le mot par lequel *tous* les philosophes, même profanes, et surtout les protestans, *fouettèrent* (*Lorica*) à toutes les époques, les Persécuteurs des Nations comme ceux de l'Église...

relevé en partie le *gand*, ou , si l'on veut , l'homme de *Gand*, mais avec des *dédains* encore plus cyniques que M. Guizot.—La partie, cette fois, à *l'éloquence* près (qui ne s'écrit pas), était égale.— C'est-à-dire, que la bonté, la commisération, et surtout la justice et la vérité manquaient des deux côtés : *Intrà peccatur et extrà*.

M. Guizot avait , aux premiers jours de janvier 1844, *jeté la pierre*, comme il avait, en 1830, jeté *le pavé*, à la tête du Roi auquel il avait juré fidélité ; le Duc de Fitz-James rejeta *la pierre* (j'aurais mieux aimé rendre *le pavé*) à M. Guizot.

Ils ont fait, ce que le Fils de Dieu lui-même a défié les anciens Pharisiens de faire, ce qu'il n'a pas voulu lui-même faire devant une femme dont le crime encourait légalement la mort..., lui qui paya personnellement l'impôt aux plus vils des Césars ou des Séides de César : Tibère et Hérode ; et qui ne voulut pas même condamner Judas !...

M. Guizot, calviniste, et surtout M. le Duc de Fitz-James, catholique né, sont hardis !

Le premier est bien coupable,... le second l'est encore davantage.

Quel homme devrait être plus humble, que dis-je ? plus généreux que M. Guizot ? Il doit tout à la Restauration, et surtout ce que la Révolution de 1830 l'a fait ; et, par ses fonctions et ses honneurs divers, variés, incessans, il lui a prêté, de compte fait, de *Clerc à Maître*, presqu'autant de Sermens que Talleyrand : treize !

Plus il est, plus il se croit grand, et plus, austère chrétien qu'il s'affecte, il devrait se faire, et, en tous cas, se montrer humble :

Aux grands la modestie , aux petits l'importance.

Or, l'homme qui le fréquenta le plus et le connaît le mieux, et qui se connaît sans doute en orgueil (M. Thiers), vient de lui dire, en audience solennelle de la Chambre : « Je crois faire plaisir à *un*, au moins, de MM. les Ministres, en disant qu'il est un homme d'un grand orgueil. »

C'était le lendemain du jour où M. Guizot venait, en effet, ingrat, perfide, inhumain , orgueilleux, de *jeter le Gand* à toute la légitimité, assez humble, assez généreuse pour ne pas le lui avoir *jeté* tout d'abord à lui-même,.. que dis-je? pour faire comme *amende honorable* de sa fidélité ! Il est vrai que l'humilité, la générosité, le repentir, étaient de la lâcheté, c'est-à-dire de l'orgueil rentré !... Je préfère l'orgueil éclatant (*).

(*) Et même l'orgueil cynique :— « Représentez-vous, dit le *Courrier français*, une médaille du plus grand module ; d'un côté, l'effigie de M. Guizot, de l'autre la tribune de la chambre des députés ; dans la tribune, M. Guizot; au pied de l'orateur, l'opposition s'agitant, et parmi les figures de l'opposition , MM. Odilon-Barrot et Thiers. Vous comprenez tout d'abord qu'il s'agit d'une victoire à jamais mémorable du ministre. Lisez l'inscription : « Vous pouvez affaiblir mes forces, vous n'affaiblirez jamais mon courage ; vous pouvez

3

Mais il est un signe, un instrument, une preuve, un effet; mais aussi une cause féconde du mal, de la malfaisance du parti et du comité légitimistes, qu'il est temps de signaler : c'est son Journalisme, sa seule Littérature, parce qu'elle est la seule *facile*, comme a dit Nizard, qui n'en sait et n'en fait pas d'autre.

---

accumuler vos injures autour de moi, elles *n'atteindront jamais la hauteur de mon dédain!* »—«Voici l'autre orgueil, qui a passé impuni, et qu'*il faut*, dans les plus chers, intérêts de l'Église, de l'État, des Royautés, et de leurs Aristocraties, *flétrir* et stygmatiser à jamais :

« Château du Tertre, Sarthe, 11 janvier 1844.

« Vous m'avez désigné, Monsieur, vous m'avez attaqué à une tribune que je ne peux pas aborder pour me défendre; il ne me reste pour vous répondre que la voie de la presse; et encore, voulant donner à cette lettre toute la publicité possible, dois-je, *par égard pour les journaux* royalistes sous le coup de vos saisies, *m'arrêter devant les lois de septembre*, et ne pas vous parler avec toute la netteté et la franchise qui conviennent à mon caractère. Je pourrais, Monsieur, vous *accabler sous le poids de votre passé*! Mais à quoi bon? N'avez-vous pas déjà *écrites sur le front, en caractères ineffaçables,* ces paroles de notre grand orateur : Cynisme des apostasies?

« Dans votre réponse à MM. de Richelieu et de Vérac, vous avez, selon votre habitude, entassé *sophismes sur sophismes*. Vous avez parlé de scandale à propos de certaines paroles prononcées par moi : vous avez osé dire qu'il y avait eu de la part des royalistes *oubli du devoir de citoyen*. Ma réponse est bien facile : si j'ai violé les lois de mon pays, pourquoi ne m'avez-vous pas fait traduire devant un tribunal? Il en est temps encore, Monsieur; osez, je suis prêt. Faites-moi comparaître devant douze jurés français : *là je m'expliquerai;* en présence peut-être d'une condamnation, ma voix ne faiblira pas, et je répéterai, à la face de mon pays, les paroles que j'ai prononcées à Belgrave-Square. Vos menaces imprudentes ne sauraient m'effrayer, j'ai fait ce que l'*honneur* me disait de faire. Vous ne me ferez pas reculer, Monsieur; vous ne me ferez pas *saluer ce que je ne veux pas saluer, respecter ce que je ne dois pas respecter*. Si vous connaissiez l'*histoire de ma famille*, vous sauriez qu'il n'y a que le bourreau qui puisse nous faire courber la tête.

» J'attends, Monsieur, et j'ai l'*honneur* de vous *saluer,*   DUC DE FITZ-JAMES. »

« *Par égard pour les journaux?* »—Vous n'aviez qu'à leur garantir les frais du procès; la *répétition* de vos paroles, de *Belgrave*, et surtout leur développement valait bien cela.

C'est *un fait*, que la majorité des légitimistes, plus *Riches* dix fois que la majorité des Dynastiques, sont aussi dix fois plus *chiches*. — Tels de leurs *Nobles Pairs* s'enrichissaient, à tout prix, lorsque les *Laffitte* des autres, vraiment *libéraux*, se ruinaient à faire des *électeurs*, des *députés*, des *insurgés* contre les rois, avec de l'or : — *Divitias suas ad delendos Reges. Prov.* 31. — Vive les qualités des défauts!

« Vous accabler *du poids de votre passé?*»—Et aussi vous accabler du poids de *vôtre*

La Presse dynastique, com e son gouvernement, à quelques écarts près, dont l'autre est l'occasion e' même la cause, est essentiellement amie de la religion catholique, par là seul qu'elle l'est de l'ordre et de l'existence. Les *Débats* (je parle de sa partie grave e politique), la *Presse*, le *Globe*, le *Constitutionnel* et

---

passé à votre père et à vous-même, qui avez nourri ou élevé, sans le connaître, dans votre *restauration*, dans votre cha.icellerie, dans votre *université*, ce même homme qui vous pèse si fort, et qui semble vous faire *peser* votre *innocence*.

« N'avez-vous pas écrit au fro. t : *Cynisme des apostasies* ? »—Et si le *cynisme de la fidélité* était pire encore, au jugen ent du *dernier juge*; et, en attendant, au jugement du Pontife (et par conséquent du juge, Souverain !

« Vous avez entassé sophismes sur sophismes ? » — Et vous, dans votre *Lettre*, orgueil sur orgueil, haine sur haine : le sophis ne en action par excellence !

« Je répéterai à la face de mon pays, mes paroles à Belgrave-Square ? » — Vous feriez une scène, une *comédie* de quelques he ires, à ajouter aux *comédies de 15 années*, aux tragédies *de 3 jours*.

« J'ai fait ce que l'*Honneur* me disait ? »—Et violé ce que la foi publique et surtout la Foi religieuse et ecclésiastique, qui n'est pas et ne sera jamais *honnie*, comme sa rivale, vous criaient.

« Vous ne me ferez pas *saluer* ce que je ne veux pas saluer ? »—Oubliant, Chrétien que vous êtes, qu'il faut *saluer*, parce qu'il faut *aimer* d'autant plus un homme qu'il serait plus notre ennemi, même privé (MM. Guizoi, etc., ne seraient, au plus, que vos ennemis politiques); qu'il ne saurait y avoir de grandeur, car il n'y a pas de courage, à aimer et à *saluer* ses amis; — oubliant même que votre indignation, que je crois de bonne foi, contre les hommes et les rois que par vos incuries et vos iniquités vous avez laissés venir à votre place, est le plus utile *salut* que vous puissiez leur faire !

« Si vous connaissiez l'*Histoire de ma famille* ? »—C'est, vous l'oubliez, ou plutôt vous ne l'oubliez pas, l'histoire si imprévoyante, et même si peu catholique, si libertine, et si *malheureuse* des Stuarts !

« Vous sauriez qu'il n'y a *que le bourreau* qui puisse nous faire *courber* la tête ? »—Quoi, pas même l'évêque du Mans, où se trouve l'un de vos *châteaux*, d'où vous écrivez?—pas même le Souverain Pontife, qui désapprouve, et hautement, vous le savez, plus que votre *lettre* : votre position !

Et comme si, après tout, le noble, le *duc* de Fitz-James, trônant, détrônant ou détrôné, le roi moral par excellence, n'avait pas quelque chose de plus utile, de plus beau encore, selon le monde et même selon Dieu, à faire, que de bien mourir : de vivre bien !

Enfin, M. Guizot, mieux avisé, ne pouvait-il pas vous répondre ?... le *bourreau* a fait *courber* la tête à mon père, lui aussi, et à deux autres de ma famille (Voyez les *Crimes de la Révolution* de Prud'homme). — Et votre *Biographie* légitimiste des Michaud de

le *Courrier*, le *Siècle* lui-même et le *National* (*) distinguent essentiellement la Religion l'Episcopat, et même l'Eglise romaine, de son personnel, dont ils se défient toujours avec plus ou moins de raison, et qu'ils attaquent habituellement. Et encore ils distinguent, dans ce personnel. Et je n'ai jamais lu dans ces feuilles une attaque véritable contre le plus grand nombre d'ecclésiastiques et de fidèles sages ou inoffensifs.

Dans les grandes discussions contemporaines, sur les Ordres religieux et l'Episcopat, dans leurs rapports avec l'Université, et sur le Serment, à l'occasion de la manifestation du Prétendant, la *Presse*, qui représente plutôt l'ordre de choses, s'est récusée sur les Jésuites ; et le *Globe*, habile organe de M. Guizot, les a défendus aussi bien, aussi logiquement, aussi savamment que l'*Univers* et la *France* , etc., que M. de Ravignan lui-même , et Mᵉ Vatimesnil son *compère*, l'ont fait avec ignorance.

Représentans en cela des Chefs du gouvernement et de l'Opposition raisonnable et utie : — de M. Guizot, qui, bien autrement homme d'Etat qu'Hérétique, proclame « l'Eglise de France (et par conséquent la Romaine) bienfaisante et

---

la *Quotidienne*, nous apprend qu'à la *bataille de Paris*, le 30 mars 1814, ce fut votre père, *duc de Fitz-james, revenu d'Angleterre,* qui montant sur la *butte* de Mousseaux, garde national , *harangua* la garde nationale allant à l'ennemi , pour lui dire : « que le *devoir était... de désobéir.* »

« J'ai l'*honneur* de *vous saluer?*»—Ce n'était pas ici le cas de saluer, à vous qui venez de dire que vous *ne saluez pas*.

Néanmoins, si j'étais magistrature, si j'étais garde-des-sceaux, si j'étais procureur-général , si j'étais cour des pairs , si surtout j'étais Guizot ou Louis-Philippe, je me garderais bien de vous faire juger et condamner autrement que par ma logique ou la vôtre : car je paraîtrais et je serais... *juge et partie* dans ma cause ; je me constituerais votre ennemi et votre ennemi vindicatif ; et il ne doit y avoir, dans une révolution, que des *vainqueurs* et des *vaincus*.

Je me trouverais assez satisfait de la qualité de *Vainqueur.*

Et je vous dirais alors, tout au plus, et à plus juste titre que jadis Manuel, lorsque vous voulûtes l'*empoigner* en pleine Chambre: *Je laisse le droit de me venger à vos fureurs* ! —Ou plutôt, je trouve déjà ma vengeance dans la vengeance même que vous voudriez exercer contre moi.

(*) La presse libérale elle-même de la Restauration n'a guère fait à l'autre presse, et son opposition au gouvernement, d'autre guerre que celle que leurs fautes et leurs iniquités appelaient. (Leurs *iniquités*, que je ne criais pas alors *sur les toits*, parce qu'alors ils étaient *Pouvoir* de fait et de droit.)—Et, en tous cas, la guerre désastreuse que la presse légitimiste fait aujourd'hui, l'ancienne presse libérale... ne la fait plus.—La Société, comme Dieu, ne connaît que le moment présent ou *dernier*, et fonde ses *jugemens*, divers dessus.

nécessaire », et affirme « la Religion *Catholique*, la seule Philosophie organisée et forte » ; — de M. Barrot, qui a flétri le parjure « comme la plus profonde atteinte qu'on puisse porter à la moralité sociale » ; — de M. Thiers lui-même, qui part très-logiquement de «la Vérité et de la Dignité de la Religion Catholique» pour refuser aux évêques *la liberté de l'enseignement .. profane...* (ou , si vous l'aimez mieux, des *lettres*, des *sciences* et des *arts*, les *menus-plaisirs* de la société).

C'est donc la Presse légitimiste et religieuse qui est la mauvaise Presse, comme ce sont des hommes légitimistes et prétendus catholiques, qui sont les hommes mauvais de la France. Seulement, il est, entre les coupables journaux, des journaux qui le sont les premiers , et qui le sont moins. Ceux qui sont plutôt ou purement politiques, et auxquels le *Trône* importe plus que l'*Autel*. Ce sont les *Aides-de-Camp* ou les *ex-introducteurs* d'*ambassadeurs* proprement dits du prince. Ils sont aussi les premiers, en apparence, à constater, à *prédiquer*, à opérer, autant qu'il est en eux, le *renversement social* déploré par M. Barrot : Telles sont la *Quotidienne* et la *France*, la *Gazette de France* et la *Nation*.

Les autres, bien que le signe et la conséquence d'erreurs et même de passions plus grandes, ne se manifestent, en temps et lieux, que plus tard, plus timidement, plus lâchement, à la suite. Tel est l'*Univers*, *Union catholique ;* —Tel l'ancien *Ami de la Religion*, plus *du Roi*, qu'il a supprimé en effet de son vieux titre.— Cette presse seule irrite, seule trouble , seule porte aux révolutions, parce que seule elle se croit avouée de Dieu, ou de l'Eglise, lorsqu'elle en est seulement tolérée.

L'Esprit-Saint qui a *tout* dit, *tout* prédit, et à la lettre, sans quoi il ne serait par le *Saint* et l'*Esprit* par excellence, l'a signalée il y a deux mille ans, et même quatre. Et il l'a signalée en la voyant. Car *rien n'est nouveau sous le soleil*. A ses formes près, la *presse* et les hypocrites défenseurs de la Religion existaient *in petto*, seulement mille fois moins faux et moins funestes que ceux de notre temps, sous les premiers rois des Juifs, malgré eux, et contre eux. Elle existait surtout sous les derniers. C'est elle à la table , avec les *Gérans* d'iniquités, de laquelle le Psalmiste refuse de s'asseoir : Non sedi cum concilio *vanitatis*, et cum iniqua *gerentibus* non introibo. PS. 25.

C'est elle surtout que le Sauveur avait en vue la veille de sa Passion, lorsqu'il révèle à ses Disciples les Signes de la Fin des Temps, déjà signes de sa mort et de la leur : « Prenez garde de vous laisser séduire : un grand nombre viendront en *mon Nom : Multi venient in Nomine meo dicentes quià Ego sum; nolite ire post eos.*

Alors gens s'insurgeront contre gens, et Royaume contre Royaume : *Surget gens contra gentem, et regnum contra regnum...* Vous serez trahis par les vôtres, par vos propres *Amis : Trademini à Parentibus, et Fratribus, et Cognatis, et Ami-*

cis (*). Et il y aura des *Signes* dans le temps, le Soleil, la Lune, les Étoiles (titres nouveaux ou usés de nos journaux); et, sur la terre, pour l'opprimer, *la Presse*, dont la confusion ressemble au bruit des flots : Et in terris *Pressura* gen.ium *præ confusione sonitûs maris et fluctuum.*

Ce que le Sauveur avait dit, son Apôtre et son interprète par excellence, St-Paul, le répète et le développe, dans son *Avertissement aux Colossiens : Videte nè quis vos decipiat per philosophiam et inanem fallaciam, secundum elementa mundi, et non secundùm Christum.* — Et c'est précisément aussi l'épigraphe qu'a prise, et que vicla un temps l'*Ami de la Religion.*

Jugez-la, par un seul mot de son général *Quotidien*, le premier mot de son *premier Paris* du jour même où nous écrivons : « Le Gouvernement est en plein *gâchis* »..... — Et qu'était-ce autre chose que le gouvernement de la Restauration?.. Même à ses époques les plus belles.? — Et si vous étiez, vous, la cause de l'un et de l'autre *gâchis.!*

Il faut le dire, tout notre ouvrage a pour objet, et il aura pour résultat de prou-ver que la presse légitimiste actuelle est déjà celle-là même précisément qui a si bien fait, et comme pris soin de justifier, la révolution de juillet. Sied-il, que dis-je ? n'est-il pas inique, et je le dirai, ingrat, aux quelques pauvres hommes, aux quelques journaux plus pauvres encore d'une première *Restauration... Ré-volutionnaire*, et qui seraient volontiers gros d'une seconde révolution suicide de ce genre ; ne leur est-il pas inique d'attaquer indistinctement la *révolution*, que j'appellerais volontiers *restauration de juillet*, et que les rois de 1829, que les rois surtout de 1814 et de 1815, ont faite en principe, constitutionnellement, on peut le dire, bien autrement que les innocentes *Ordonnances* de leurs mi-nistres, et les *pavés* plus innocens encore de leurs sujets? — Ce qu'Isaïe a crié tant de fois au Prêtre, il faut bien aussi un peu le dire au Roi : *Sicut Rex, sic populus.* — Leur sied-il surtout de laisser entendre, de désirer, de fomenter, car cela est pire que de demander hardiment, et même d'entreprendre à main armée, et que font-ils autre chose tous les jours, et de plus en plus, une *restauration* proprement dite.? c'est-à-dire, apparemment, un déplacement en masse d'un ordre de choses et même de personnes aussi bons au moins que ne fut et que ne serait le leur, et surtout le bannissement, que sais-je? les têtes de plusieurs !

_____

(*) Dans le fait, et on ne saurait trop le répéter et le faire sentir, une chose, une personne, un ordre de choses et de personnes quelconques, bon ou mauvais, ne saurait avoir d'en-nemi vrai et redoutable qu'un *ex-Ami*. Seulement, il y a, entre l'homme ou le parti vrai ou fidèle et les faux, que le premier, en attaquant, aime encore, aime surtout ; et que le second, en aimant, hait. Il est ici un exemple-type. Le premier mot que Judas dit au Sauveur, c'est: *Ave, Rabbi ;* — le premier que le Sauveur dit à Judas c'est : *Amice, ad quid venisti?*

Leur plus petit défaut c'est le *respect humain*, ou plutôt l'humaine peur de faire parler, de faire *Crier* l'Evangile *sur les toits*, et sur les *bras levés* (pour *jurer*), sur les têtes même levées des journalistes et des députés prévaricateurs...

> Qui, goûtant dans *la feinte* une tranquille paix,
> Ont su se faire un front qui ne rougit jamais.

Le crime de la Presse *royaliste*, signe de sa malédiction et de son impuissance, est, il faut le dire, sa doctrine implicite, et aujourd'hui avouée, sur le Serment. Elle vient de la reproduire, jusqu'au scandale, à propos de l'équipée de ses hérauts à Londres. Le plus accrédité, le seul accrédité (parce qu'il passe pour être politique et même ecclésiastique) des journaux légitimistes, la *Gazette de France*, dit, le 12 février, pour la millième fois : « Sans doute, l'Abolition du Serment politique (le premier et même le seul vraiment nécessaire des sermens), comme l'abolition du Cens, est ce qu'on doit s'efforcer d'obtenir. » — Et depuis, lors de la réélection des cinq, dans ces paroles que nous croyons ne pas lire encore :

« Le principe de la souveraineté nationale, introduit dans l'adresse, vient de triompher auprès des électeurs. L'*interprétation donnée au Serment* par cinq collèges électoraux, confirme la déclaration des 166 députés de la gauche en 1831. Il n'y a point de *sujets* (sic) de Louis-Philippe en France. Nous sommes *tous* souverains, comme l'a dit le *Noble* député de Ploërmel, M. de la Rochejacquelein ; et M. Duchâtel a eu raison de dire : « *Si aujourd'hui le pouvoir royal se condui-* » *sait vis-à-vis de la constitution du pays comme le pouvoir royal en 1830, nous* » *serions tous déliés de notre serment.* Ce sont là les principes fondamentaux de » notre foi politique, de la foi politique dont nous avons assuré le triomphe en » 1830.»

Quelles illusions et quels suicides !... comme si, en prêchant l'abolition du Serment politique, c'est-à-dire, au fond, la faculté du parjure, vous ne léguiez pas au nouveau roi, et au *nouvel univers* que vous avez en vue, autant et plus de parjures nouveaux que vous n'en aurez faits au vieux roi !

Jugez, par un seul trait, de la vérité du mal ici. Le principal des journaux légitimistes, et le plus religieux, la *Gazette* de France, va jusqu'à proclamer le 20 Mars 1844, et mille fois avant et après.... sa séparation de l'Épiscopat, c'est-à-dire de l'Eglise de France,... le *Schisme*.., sans voir seulement la portée de son aveu contre elle : «M. Isambert et M. Dupin, dit-elle, ont cherché à établir quelque liaison entre les Mémoires des Évêques contre l'Université et ce qui s'est passé à Belgrave-Square. C'est une véritable dérision. Les prélats contre lesquels ces messieurs se sont élevés *se sont séparés hautement des royalistes*, et c'est pour cela que le gouvernement actuel les a choisis. »

Le *Schisme* proprement dit même (*), en temps et lieux, s'ils avaient la force d'être conséquens, n'arrêterait pas ces Messieurs.

On conçoit que la Logique, et surtout la supériorité (**), manquent où la franchise et la foi sont équivoques... Ainsi, par exemple, sur les grandes questions du Serment, tout ce que M. Berryer, tout ce que le duc de Fitz-James pouvait si bien dire le jour, ils ne l'ont pas même dit le lendemain ; nulle famille royaliste n'a su seulement, pour remplir tant de lacunes, faire autre chose que reproduire quelques générosités des journaux indépendans, le *Courrier* et le *National*, et quelques mots spirituels du *Corsaire* ou du *Charivari* !

L'esprit de ces messieurs n'est jamais que celui d'emprunt.

En politique, même relative et passionnée, le mal de la Presse Légitimiste n'est ni moins grand, ni moins sensible. La *Quotidienne* et la *France* ne parlent que par inconséquence, ou par hasard, de la *Monarchie* (***), de peur qu'elle ne profite à la nouvelle. Leur polémique se réduit à un panégyrique incessant et mo

---

(*) M. le Vicomte de Baulny n'a pas craint, durant des mois, de se refuser à la prière, à la démonstration que nous lui avons faite et vu faire, de son devoir, et même de son intérêt, de reproduire la Bulle du Souverain Pontife contre la Russie, tyrannique de la Pologne.

Quant à la *Morale*, la *Mode*, essentiellement mondaine, et quelquefois dégoûtante et luxurieuse, a fait reculer jusqu'à la moitié de ses anciens abonnés.—Et voilà pourquoi elle a compromis, en France, la belle cause d'Espagne, à laquelle elle a semblé se consacrer.

(**) La littérature, et jusqu'à l'art de choisir entre les journaux, échappent supérieurement aux légitimistes. Une vérité ici qui saute à tout œil, et qui serait le caractère d'un journal *légitimiste*, si un journal tel avait un caractère, c'est de n'avoir jamais, sur un point quelconque, même de monarchie et de religion, *un article* un peu saillant, ou seulement *une nouvelle* et *un bon mot* qui ne leur vienne d'une feuille d'opposition, et même d'une dynastique : et voilà pourquoi l'*Écho Français*, plutôt reproducteur par sa nature, est le seul utile des grands journaux légitimistes.

Aussi, voyez comme la presse de cette qualité presse, aplatit ses héros. M. Nettement se meurt, un Ange lui-même se mourrait, à tourner de la *Quotidienne* à la *Mode*, en passant par la *Gazette*, dans le *cercle uniforme*, ou plutôt informe, de la *Réforme* et de l'Ordre public, du Droit Divin et des *Libertés Nationales*! — Et jugez, par un trait, de la prudence du *Comité* qui l'a choisi pour célébrer *Marie-Thérèse de France*, et faire l'*histoire du Journal des Débats*! Le *Globe* du mois de mai 1844 lui a imputé formellement une *Lettre insurrectionnelle d'un vieux légitimiste à son ami*, en 1837 ; en même temps que le Complot de la rue des *Prouvaires* aux légitimistes. Et nul journal légitimiste, et nul Nettement, n'a seulement osé dire : *Non*, le lendemain.

(***) Les journaux qui gâtent la cause pour laquelle ils sont *désignés*, ne gâtent pas moins

notone, à un bulletin assommant de *santé*, et quelquefois de *chasse* et de *danse* d'outre-mer, et d'outre-France (*), des hommes et des choses d'*outre-tombe*, à la piste du mort-né des journaux postérieurs anglais : le *Morning-Post*. On la di-

---

celle pour laquelle ils ne le sont nullement. La cause d'Espagne. Tantôt ils reproduisent les faits et les calomnies les plus capables de rendre déjà *suspecte* la jeune Isabelle, qu'ils demandent pour le jeune *César* des Asturies ; et tantôt ils proclament des faits qui rendraient seuls le Roi impossible, en le rendant odieux à son parti. Ces jours derniers encore, ils allaient, dans leur froide ardeur belliqueuse, jusqu'à représenter *armés*, et presque conjurés dans toute la Péninsule, les vrais et nombreux Royalistes d'Espagne, qui attendent tout de leurs adversaires et du Ciel, comme les vrais Royalistes de France.—Et si l'on savait, si j'osais dire ce que j'ose à peine penser, et ce qui est *démontré*, pourtant !

(*) Une *note* suffira sans doute, à présent, pour apprécier, et rendre de plus en plus impossible, le journalisme légitimiste ; c'est la *partie* la plus grave de la *Lettre* que nous avons écrite , le 21 octobre 1843, à la *Gazette de France*, sur la *Quotidienne*, lorsqu'elle s'est avouée le journal officiel et salarié de Mgr le duc de Bordeaux : — (Elle était accompagnée de cette explication: «... On me dira, en somme, et malgré mes raisons: Vous en voulez d'ailleurs à M. de Locmaria et à la *Quotidienne?* — Et sans doute! Et *si on savait* encore pourquoi, on trouverait que je ne leur en veux pas encore assez. C'est un droit naturel d'être indigné contre une grande iniquité, lorsqu'elle n'est pas la première. Il est des cas, et un moment, où la guerre littéraire, et, si l'on veut, sa vengeance, est *le plus saint des devoirs*, encore mieux que la guerre à coups de canon, selon M. de Locmaria ; elle est même la dernière et la meilleure des façons d'aimer.»)...

...« L'intérêt que je porte à votre caractère, Monsieur, le cordial attachement que m'inspirent des dévouemens et des infortunes de famille, sans exemple même dans celle des Stuarts, le respect pour un pouvoir que je n'ai pas fait et que je ne veux pas défaire (puisque c'est par lui et pour lui que je voudrais voir, en temps et lieu, relever l'autre), l'amour de la patrie, dont je suis, Dieu le sait, pénétré, tout me fait un devoir et un droit, ainsi que vous m'en avez donné depuis quelque temps, en particulier, tant d'occasions , de vous écrire publiquement, mais en résumé, tout ce que je vous ai dit ou laissé entendre depuis quinze jours de vive voix ou par lettres. Et parce que vous ne voulez pas être le *courtisan* du duc de Bordeaux, je ne serai pas cette fois le vôtre.

« J'ai su, le premier peut-être, votre entrée à la *Quotidienne*, et j'ai annoncé tout de suite, au seul souvenir *de vos précédens*, et à la seule lecture d'une longue de vos lettres particulières, que vous alliez vous trouver, non certes la *cause*, ni même l'*occasion*, mais le signe du plus grand mal possible. Vos qualités ou vos avantages surtout sont ici vos défauts : la vie, les habitudes et l'esprit militaires, votre suffisance qui s'abaisse jusqu'à la morgue, votre attachement *personnel à l'Auguste Personnage*, que vous n'osez nommer autrement; votre reconnaissance même pour le ministre malheureux que vous nommez ;

4

rait rédigée à Ispahan, dit M. Murray, du *Times*. — C'est la feuille-borne par excellence. — C'est le journal passé et trépassé : — et l'imprimerie, encore

vos douze enfans à rendre dignes de vous ; et jusqu'à vos *armes* (d'argent, à trois gueules, avec : *Vaincre ou Mourir*), par trop fières ou absolues.

« On a oublié, en vous *choisissant*, ou *désignant* seulement, comme vous dites, vous avez oublié, vous avez heurté vous-même tout le *statu quo*, toutes les susceptibilités, toutes les volontés de la France ; et la France ne fut jamais plus, et devient tous les jours plus susceptible, plus irritable, plus à la veille, ou à cent années, d'une révolution ou d'une restauration. — Car le voici, le *statu quo* de la France, et il est immense ! — La France, à tort ou à raison (et TOUJOURS ET AVANT TOUT PAR LA FAUTE DES ROIS, si ce n'est pas le fait de tout le monde, selon les propres paroles que vous m'avez dites l'autre jour en présence de quatre témoins), la France toute journaliste, c'est-à-dire tous les soirs, tous les matins, à toutes les heures du jour et de la nuit, recevant, lisant, commentant, écrivant, méditant, critiquant les éternels et exclusifs journaux, Rois, si jamais quelqu'un ou quelque chose fut *Roi* ; — La France partagée, morcelée par sa Presse en trois partis très-distincts, très-prononcés, très-envenimés, très-hauts : dynastiques ou ministériels, démocratiques, et royalistes. — Et chaque parti, et par conséquent et avant tout chaque classe de journaux, plus difficile que jamais à satisfaire, et surtout à *diriger*. — Plus difficile en rédaction et en nouvelles, plus difficile en *esprit* proprement dit, plus difficile surtout en *raison* et en *prudence*. — Les journaux dynastiques et de l'opposition démocratique, aussi bien faits, aussi bien dirigés que le sont mal les autres, et aussi unis, à la moindre *alerte*, que ceux-ci sont plus divisés. — Les journaux royalistes, plus difficiles que les républicains, parce qu'ils ont besoin de plus de prudence ou de courage contre les Lois de Septembre. — La *Quotidienne*, entre tous les journaux de l'opposition, le plus difficile, je le dirai, le plus impossible, car elle a en choses, et ce qui est pire, en hommes, des précédens terribles : — un Michaud, surnommé, de par le monde, *Ma Commère*, et par le petit nombre qui le connut, le *Bon homme méchant* ; — un Laurentie, *Lamenaisien* sans talent, à l'*Index*, et apologiste odieux de la Saint-Barthélemi ; — une existence précaire et même vénale ; — un journal mal nommé, ou comme on l'appelle une *coterie*, dans un pays où les noms sont omnipotens ; … — un journal enfin *tombé* d'homme en homme, et même de femme en femme, jusques et compris un bon homme de province…, qui vient d'y retourner *comme il était venu* ! — Un journal même devenu l'ennemi de tous les journaux royalistes. — Et voilà que M. le comte de Locmaria, au *débotté* d'Autriche, voudrait le relever, accaparer même à son profit tous les autres ! — Mais voilà aussi, et par les mêmes raisons, qu'en moins de huit jours il a constaté parfaitement son innocence, et qu'il a consommé la *compromission* de la cause royaliste, si la cause royaliste (comme je la conçois) n'appartenait pas à tous les partis de la France, et ne gagnait pas en somme à toutes les sottises qu'on fait en son nom.

« M. de Genoude a donc éminemment raison, ici, lorsqu'il vous a dit (mais sans le faire

mieux que *la parole*, étant *donnée pour dissimuler la pensée*, elle s'intitule :
Moniteur de l'Avenir!

---

lui-même): «M. le duc de Bordeaux doit rester comme Joas derrière le voile du temple, sous la garde de la religion, de l'honneur, de la fidélité. Malheur à celui qui compromettrait son nom dans nos querelles ! » — « Vous êtes aussi funeste à l'exil que d'autres l'ont été au règne même. » — Vous tueriez la monarchie, si la monarchie pouvait être tuée. Et, pour ma part, à moi, qui suis royaliste dans l'âme, mais national dans l'intelligence, et que vous compromettez sans doute comme un autre, ainsi que dirait Me Dupin, *au prorata de son émolument* dans la patrie commune, j'ai dû *me laver les mains* et la pensée de votre faute actuelle, et de celle du *comité* dont vous êtes le secrétaire; car c'est apparemment bien mieux d'un jeune Bourbon que d'un autre que Benjamin Constant a dit : « Un roi de « cette famille bien née (et la branche cadette en est, comme l'aînée) ne se trompe jamais, « qu'on ne puisse montrer, à côté ou derrière lui, l'homme qui l'a trompé. »

« M. de Locmaria m'a dit que «les *Rois* commettaient toujours *les premières fautes.*» — Moi je dis que ce sont les imprudens amis des rois, et surtout leurs amis hors de leur place. Et Massillon a consacré tout un Sermon à le dire, à le prouver aux *rois*, *sans être confondu...*. C'est plus vrai que jamais de nos jours où, par peur de tout et même de tous, les princes ne sauraient guère voir de leurs yeux, mais des yeux si souvent enténébrés, de ceux qui les entourent. — J'ai parlé des pires amis des rois : ceux qui sont *hors de leur place*. Tel est M. de Locmaria dans la *Quotidienne*. Ses premiers coups de plume (les premiers pas, en tout, sont tout), pires que les coups d'épée.

« Il a compromis la France par deux *lettres* décisives : la première, plutôt lâche, la seconde, plutôt imprudente. La première, où il renie cette *congrégation*, dont il était dans l'âme, s'il n'en était dans le corps ; et jusqu'à son *roi*, qui *n'a point de cour*, encore moins d'*aides-de-camp*, mais des *amis seulement*. La seconde, où il avoue la *mission* qui lui a été donnée, et dont il veut faire une *mission d'union et de paix*. N'osant dire de guerre. — Ce que «la *Quotidienne* a suffisamment *indiqué*», ajoute-t-il. — Où il avoue entre les royalistes une *guerre intestine qui a déjà fait tant de mal* (c'est tout notre *Manifeste*, en un mot), oubliant qu'une *guerre* ne se fait pas toute seule. — Et où il ne craint pas d'avancer, comme un principe, que «son emploi de Sous-Directeur du Personnel de l'Armée, sous le ministère de M. le Prince de Polignac, était *essentiellement étranger à la politique*, et le rendait indépendant des *révolutions ministérielles!* ! !

« C'est se mettre par trop haut, ou par trop bas !

« M. de Locmaria ignore à la fois la première règle du sens commun, et le premier axiome de la politique, qu'on peut ainsi formuler : « L'habileté, le secret d'une restau- « ration, s'il doit y avoir une restauration, consiste pour un roi quelconque, d'ancienne « date ou de nouvelle, qui la veut, à se laisser proclamer partout et nulle part, à se faire « désirer, aimer, en paraissant se faire oublier, et même en s'oubliant lui-même. » Nous

Le *système cellulaire*, qu'on voudrait appliquer aux prisons, existe en type dans les bureaux de la *Quotidienne* et de la *France*; il y a produit, par l'obscurité

---

l'avons écrit, en ce qui le touche, à Henri de France. Sans quoi, une *restauration* serait pire qu'une *révolution*, et elle aurait moins de durée. — M. de Locmaria, sentinelle avancée, *secrétaire* officiel d'une feuille officielle, ferait, en effet, si on le laissait faire, une *restauration révolutionnaire*. Il la fait, autant qu'il est en lui, et par ses imprudences quotidiennes (il n'est pas de numéro de son journal qui ne soit pire en conjuration que celui de la veille), et par ce qu'il dit, et par ce qu'il n'ose, on ne sait pas dire.

« Voici, à présent, désormais, et à jamais, le résumé de la *Quotidienne* de tous les jours : « Un prétendant m'a *désigné*, moi, pour acheter et pour diriger, dans son intérêt, « un journal qui n'a pas même le petit mérite de faire de l'esprit pour faire ses frais, et « qui, depuis sa fondation, fait un appel incessant à toutes les sortes d'actionnaires, aujour- « d'hui défaillans tous, et à tous les principes dont l'abus ou le défaut d'explication « fait, depuis 50 ans, tous les malheurs, et qui les invoque en les niant, et en disant : *Par* « *la France, ou pas.* »

« Si tout cela encore avait eu lieu dans un autre pays, dans un autre temps, dans un autre moment ! — Mais précisément c'est au moment où l'Irlande est ou semble en feu contre la vieille Angleterre et la nouvelle France ; — où O'Connel appelle le duc de Bordeaux, et que le duc de Bordeaux semble répondre à son *Repeal* ! — où son mariage et celui d'Isabelle sont à la veille de rendre, et l'Espagne, et la France, et l'Angleterre, et la Russie plus menaçantes, ou plus menacées que jamais ; — où la France va se trouver entre le *berceau* d'un enfant et les *forts détachés* d'un jeune homme !

« Que voudriez-vous que fissent, au milieu de cela, et le *Comité*, et la *Quotidienne*, et M. de *Locmaria* ? — Faire attribuer à M. le duc de Bordeaux, lui faire signer, comme par procureur du *roi*, toutes les erreurs, toutes les aberrations, toutes les passions du *Journal* du passé et de l'*avenir*, jamais du jour, de la *feuille au vent des naufrages*, comme M. de Talleyrand disait.

« Ce que feraient, en définitive, M. de Locmaria et la *Quotidienne* ? — ... Courir sur eux, et peut-être sur tous leurs correspondans, leurs abonnés, et leurs amis présumés, toutes les polices et toutes les émeutes, à un seul mot, comme celui des *Débats* du 19 Octobre : « La *Quotidienne* reçoit officiellement sa direction du *Dehors*. »

« En somme, la *Quotidienne* tombera, car... elle est rationnellement *tombée*. »

Qu'est-ce que M. de Locmaria a répondu *devant toute la Presse Témoin*, devant tous les royalistes de la *Gazette*, plus nombreux que ceux de la *Quotidienne* ?... *Rien* Ce qui prouve l'orgueil illimité du journaliste, ou son incapacité plus illimitée encore.

Le temps qui s'est écoulé depuis notre jugement de la *Quotidienne*, et ses maladresses incessantes, n'ont fait que le justifier mieux : toutes nos prévisions se sont bientôt réalisées ; et la condamnation du journal par le Jury et la Cour du 9 janvier ne sont pas autre chose

et l'absence des points distincts, le regard borgne (*), et l'esprit-borne.

En somme, les journaux *Légitimistes* ne réfutent pas les dynastiques; les religieux, les dissidens, ils leur donnent des forces et même de l'orgueil; ils leur donneraient, s'ils n'en avaient pas, de la conscience. Tous ensemble, ils éludent, et même ils nient, au fond, soyez en sûr, les deux vérités qui manquent à la France et à l'Europe, à l'Église de France, et même à celle de Rome : l'Infaillibilité d'*un* Pouvoir *Spirituel*, et l'*impeccabilité* relative ou la *Chose jugée* d'*un* Pouvoir *matériel*.

Ils sont aussi de plus en plus odieux, et de plus en plus haïs. On les hait de toute sa haine et de tout le ressentiment qu'on leur sait, de toute la contre-révolution qu'ils voudraient faire, qu'ils feront, ou plutôt qu'ils feront faire peut-être un jour. On les punirait volontiers, par anticipation, par effet *rétroactif*.

Les quatre journaux purement *légitimistes* de Paris (**) n'ont fait que décroître

---

que la condamnation de l'*Aide-de-camp* de Henri de France, et même, et surtout, de Henri de France personnellement.

La nouvelle *Quotidienne*, on peut à présent le dire, est le *Drapeau*, non *Blanc*, mais *rouge*, d'une nouvelle insurrection morale, pire que l'autre, car elle est hypocrite et lâche; elle est venue, visiblement, pour provoquer, pour pousser à Londres le petit nombre des hommes qu'elle a faits, et qu'elle entretient, la plupart lâches et hypocrites à son image. —Je conçois sa condamnation à 8000 fr. d'*amende*, au retour de ses pélerins ; je ne concevais pas ou je concevais moins celle de la *Gazette* et de la *Nation*, qui lui avaient fait la guerre pour sa *désignation*.

Un journal quelconque, et surtout un journal de l'opposition, un journal qui s'adresse à de grands seigneurs, à des gens bien nés, à des savans, et qui n'ont rien à faire; un journal qui se tire au plus petit nombre possible, et qui n'a pas même, depuis plus de 15 années, l'art de son *pot au Feu*, n'est pas seulement un journal manqué et nul, c'est encore et surtout un journal dangereux et suicide : car il montre, *tous les jours*, les *bouts des oreilles des ânes* (des Anges eux mêmes ici le seraient) qui le dirigent, qui le rédigent, et qui se *coti sent* souvent pour le lire comme pour le payer. — Au lieu d'un parti, ils manifestent une *Coterie* : —*Cui bono* lui donner, cette année encore, jusqu'à 150,000 fr.?—C'était pire que les jeter aux *pavés* du *Chemin de la Révolte*, et aux pierres régicides des *Forts détachés*.

(*) J'ai vu, un temps, dix mille fois, et rencontré mille fois depuis, l'autre jour encore j'ai voulu voir, devant la *Croix* séditieuse des *Welches* de *Saint-Leu*, l'*Historien* prétendu *des d'Orléans*, je le *regarde* toujours, et je n'ai, de ma vie, pu rencontrer *ses yeux*, qu'il tient de côté à ses amis, et baisse en rougissant devant les autres. — Ce que ne fait pas, du moins, M. de *Beauregard*.

(**) Le Journal des *Villes et Campagnes*, qui a *seul* autant d'abonnés en l'Europe que tous les autres journaux religieux ensemble, est le seul qui ne compromette pas plus, en général, l'ordre public attaché à la nouvelle dynastie, que l'ordre social attaché à l'ancienne. — C'est que les nombreux et sages lecteurs de ce Journal, comme ceux de l'*Écho*

en habileté, en probité, en importance, et par conséquent en abonnés, en annonces, et en lecteurs, depuis 1830 ; et il est remarquable qu'entre les quatre, les plus déconsidérés dans le pays, et les plus avoués et les mieux stipendiés hors le pays : la *Quotidienne* et la *France*, sont précisément les plus aveuglément légitimistes. — Et la première, la seule vraiment *Officielle*, est précisément aussi celle qui opère le moins, ou plutôt qui n'opère pas du tout, car elle agit en général sur elle-même, sur le petit nombre des *châteaux* mécontens, déconsidérés, et à l'œil des *chaumières*. Elle continue d'inténébrer *un petit nombre, si inténébré déjà*, comme leur a dit, un temps, M. de Châteaubriand.

La Presse *Légitimiste* toute entière opère encore moins à l'Étranger, où, loin d'être lue, elle n'est pas même connue : la *Quotidienne* a *deux* abonnés payans à Londres, et la *France* n'en a point !

La Feuille qui s'entretenait ou était entretenue *un moment* à la faveur de son indépendance du *légitimisme*, un *autre moment* au feu froid des lambeaux de *Pastorales* défroquées, l'*Univers*, reviendra à son ancien esprit, s'il ne veut pas se fondre, et s'évanouir entre les autres journaux divers.

La *Presse* intelligente, au contraire ; le *Globe*, par son esprit et sa logique ; le *Siècle*, par sa popularité ; le *Courrier*, par son indépendance ; le *Constitutionnel*, par son nom, résonnant encore de sa puissance royale, rallient parmi les royalistes... Et bientôt il ne restera plus, pour abonnés de la *Quotidienne*, que les vieilles *frances*, et les *jeunes*, vieilles déjà.

Et les chiffres ici sont logiciens, et même théologiens. Les journaux *légitimistes* ou *religieux*, dont un seul avait jusqu'à 12,000 abonnés à 80 francs en 1832 et 1834, dans les provinces et à l'étranger, n'en ont pas aujourd'hui 10,000, à 60 francs, et souvent au rabais. Tous ensemble, rigoureusement répartis selon leur *quasi-égalité* de sens commun : l'*Echo*, 4,200 ; la *Gazette*, 2,800 ; la *Quotidienne*, 2,700 ; la *France*, 1,000. Et, encore, ne les conservent-elles pas après la session des chambres. — Cependant, le *Siècle*, à 40 francs, en a, seul, encore 50,000, *parce qu'il* est dynastique indépendant ; — le *Constitutionnel*, les *Débats*, la *Presse*, même ministériels, en ont chacun jusqu'à 15,000, l'un à 80 francs !

Ainsi, la presse, qui est l'expression, comme elle est trop souvent l'oppression de la société, montre, seule, et démontre, que les hommes qui voudraient, encore une fois, faire et refaire la France au nom de la Religion, ne sont et n'ont que *la plus petite partie* de la France ; et nous avons démontré, nous, qu'ils n'avaient rien peut-être de commun, quant à présent, avec le *petit nombre des élus*, ou des sages de ce monde et de l'autre.

Le journalisme légitimiste et religieux qui, durant 15 années, de 1815 à 1830,

---

Français, ont plutôt le *Sentiment* que le *Rationalisme* de la Légitimité *personnelle*. Ce sont aussi les deux seuls journaux royalistes qu'on ne poursuit jamais. Les *Parquets*, les Jurés et même les juges les plus parjures ne sauraient en vouloir qu'à ce qui n'est pas vrai.

n'a pas su *conserver* les rois que la force des choses et non celle des hommes, ou la Providence seule avait rendus à la France, saurait bien moins les faire revenir. Il suffirait à les bannir à jamais. Car il les déconsidère, en faisant croire, en démontrant, au *Timbre* et à la *Poste* du gouvernement, qu'il n'a pas même l'esprit de faire ses *frais* (*).—Il est le régicide par excellence.—Au contraire, et cela est éclatant, le Journalisme libéral, qui, en constatant sa faiblesse, a certainement détrôné la branche aînée en 1830, par les 221 d'une part, les ouvriers de l'autre, et le *Nom* du *Duc* d'*Orléans*, aurait bien mieux la faculté de le rappeler.

Cela donné, lorsque, placé entre un *Avocat* du Roi et un *journaliste* de Prétendant, un Jury acquitte le journaliste, il fait ce que le gouvernement et même la *loi de septembre* eût dû faire, il est plus impartial qu'il ne croit; c'est moins *justice* que pitié qu'il *rend!* Il est censé dire à l'*Avocat du Roi :* Vous oubliez, et je vous rappelle, l'origine du Roi et la vôtre. — De même, lorsqu'un Jury condamne le lendemain un journaliste pour le même fait qu'il l'a absous la veille, et qu'il vérifie, et plus, le mot de Pascal : *Justice au-delà des Pyrénées, injustice en deçà*, il est censé dire au journaliste : *Vous oubliez, et je vous rappelle, la Fainéantise* de vos derniers rois, et la vôtre; et la *fin de non recevoir* où vous êtes d'attaquer indistinctement l'ordre de choses et de personnes que vous avez laissé se faire, et dont vous êtes plus coupables peut-être que lui!—En sorte que les jugemens les plus opposés, bien entendus, loin de prouver l'iniquité, constituent et consacrent secrètement l'équité la plus grande; et démontrent, à moins de provocations aux révolutions, et de droit et de tribunal révolutionnaires, l'impossibilité du *Droit Pénal* proprement dit...

Je conçois qu'à la vue de tant de fautes de la presse royaliste, signe des fautes de ses entreteneurs et de son comité, M. Guizot ait écrasé son orateur de cette parole qui n'est terrible que parce qu'elle est vraie : .... « Le Gouvernement a pleine confiance dans votre impuissance. » — La Quotidienne n'est pas autre chose que la publication journalière de l'impuissance personnelle de sa coterie, et même de l'impuissance *humaine* de son parti. Je la payerais si j'étais le Chef d'un autre parti : .... Mais que sais-je? la poursuivre, la mettre à l'amende, c'est la servir, et se servir, peut-être!....

S'il restait un doute sur la légalité, sur la légitimité, même sur la moralité du *journalisme* légitimiste, il ne faudrait que voir si l'Église de France, et surtout si l'Église Romaine pourrait, je ne dirai pas le faire et le faire faire, le recommander, *ex cathedrá*, par voie de *Mandemens*, mais seulement l'approuver explicitement, comme moyen secondaire et libre d'instruction? Or les deux Églises, cette fois d'accord, en sont impatientes.... A ce point, qu'elles ont forcé le vieil *Ami de la Religion* de se faire l'*ami* de Louis-Philippe, d'*Ami du Roi* qu'il s'inti-

---

(*) L'à peu près seul et sûr effet du journalisme de la *Quotidienne*, de la *France* et de la *Mode*, c'est de ruiner... ou d'enrichir MM. de Loc maria, de Baulny et Walsh.

tulait; et qu'elle lui a suscité pour rival l'*Univers* nouveau (car le *Nouvel Univers* appartient à M. de Châteaubriand). — *La Quotidienne*, la *France*, la *Mode*, ne comptent pas un seul Évêque, et pas dix Curés dans leurs abonnés *directs*. — *La Gazette de France*, elle, est interdite à Rome, par une autre raison en apparence et par la même au fond.

Comme s'il y avait un doute sur la légitimité, sur la moralité, sur la *liberté* seulement, du voyage de Londres en 1843? il ne faudrait, non plus, que voir si un Évêque, ou seulement un Ecclésiastique, eût osé le faire, même comme particulier, et s'il l'eût fait sans *flétrissure* universelle.

En somme, et pour les masses et les peuples, la raison *Patente* de l'affaiblissement successif de toutes les fractions, de tous les partis, de tous les comités. de tous les journaux, religieux et *royalistes*, c'est l'intérêt temporel; et sa raison Latente pour les aristocraties, c'est leur condamnation par l'Ecriture-Sainte, la Tradition des *Mœurs des Chrétiens* et celle *de l'Église* Catholique, constatées par les livres de ce nom de saint Augustin et de Fleury; c'est leur condamnation surtout par l'Eglise Romaine Vivante.

On concevra qu'à la vue, de longue date, de tant de fautes légitimistes, avec l'art de les exprimer et la vertu de les avoir si longtemps dévorées, j'aie fini par en être indigné, au nom même de Dieu et des rois. J'en serai payé assez par la pire (mais la plus honorable) des haines de la Presse en question, que j'en recevrai : celle qui se taira, hors d'état de dire un mot qui ne retombe sur elle.

Je lui aurai rendu, pour cette haine, le seul amour qu'on doit, en temps et lieu, aux mauvais sujets : la mise au carcan de leurs œuvres.

Vous ne devez pas attaquer, chercher à déconsidérer l'ordre de choses, disons-le, la révolution de juillet? Vous devez même lui prêter, et surtout lui tenir, vos serments. Je le crois bien. Si jamais la restauration proprement dite se fait *Humainement, Politiquement* parlant (ce que nous ne croyons pas), ce sera comme nous l'avons dit dans un autre ouvrage, par la révolution de juillet elle-même, c'est-à-dire, avant tout, par ses journaux : le *Siècle*, la *Presse*, le *Courrier*, les *Débats*, le *Globe*; et, subsidiairement, par le Roi des Français, par M. le duc de Nemours, par le Comte de Paris, si Comte de Paris il y a, et pour eux tous, bien autrement que par la hardiesse *Nationale* de la *Gazette*, l'indifférence utile de l'*Écho Français*, la modération des *Villes et Campagnes*, les *On dit de Sacristie* de l'*Univers*, l'habileté et la prudence du nouvel *Ami de la Religion*; et nonobstant les *lubies* de la *France*, l'hypocrisie politique et la maladresse (l'anagramme exacte de son Directeur est *Le Maladroict*): de la *Quotidienne*, les saletés aristocratiques de la *Mode*, et la mondanité de sa *Maison La Sale!*—Ce sera malgré le *Comité* légitimiste. — Ce sera surtout malgré la dégradation et la violation du Serment des Chefs du Parti Légitimiste. *Quod erat Demonstrandum.*

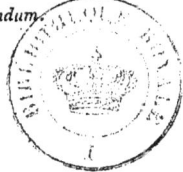

www.ingramcontent.com/pod-product-compliance
Lightning Source LLC
Chambersburg PA
CBHW071006280326
41934CB00009B/2201